PIANOTRIP

Lou Nils
Christophe Clavet

PIANOTRIP

Tribulations d'un piano
à travers l'Europe

INÉDIT

Points

ISBN 978-2-7578-4483-0

POINTS AVENTURE
un esprit de liberté

UNE COLLECTION DIRIGÉE PAR PATRICE FRANCESCHI

Il y a 2 500 ans, Pindare disait : « N'aspire pas à l'existence éternelle mais épuise le champ du possible. » Cette exhortation à un dépassement de la vie était aussi un appel à la liberté et aux liens qui l'unissent à l'esprit d'aventure.
Vingt-cinq siècles plus tard, l'énergie vitale de Pindare ne serait-elle pas un remède au désenchantement de nos sociétés de plus en plus formatées et encadrées ? Et l'esprit d'aventure l'un des derniers espaces de liberté où il serait encore possible de respirer à son aise, d'agir et de penser par soi-même ?
C'est sans doute ce que nous disent les livres qui, associant aventure et littérature, tentent de transformer l'expérience en conscience.

Patrice F.

Délaissant les grands axes
J'ai pris la contre-allée
Je me suis emporté
Transporté.

« Aucun express »
Alain Bashung/Jean Fauque
Album *Fantaisie Militaire*

Il y en a qui posent des questions,
D'autres des bombes, du carrelage, des conditions.
D'autres encore, un problème,
Des décors, des ultimatums, des ongles.
Y en a même qui posent tout court.
Nous dans ce monde, on pose un piano.

AVANT-PROPOS

Le 27 février 2010, deux jeunes Français se lancent sur les routes d'Europe avec, pour se déplacer, un vélo et un triporteur permettant de remorquer leur piano. Équipés d'un moteur électrique, ils disposent d'une autonomie de 60 kilomètres et d'une assistance au pédalage pouvant tracter un poids de 250 kilos en montée. Le prototype de panneau solaire qu'ils transportent permet également de recharger leurs batteries. Le Rippen de 170 kilos doit être manœuvré à mains nues à chaque fois qu'il est utilisé.

Le long des chemins, un répertoire musical évolutif se constitue, les perspectives artistiques s'élargissent : des tableaux vivants, des improvisations sortent des paysages, l'itinéraire se trace et se module au gré des rencontres.

Le voyage s'achève le 6 août 2011 au port de Sète, après une traversée de 17 mois, 7 000 kilomètres, 12 pays, et plus de 300 concerts déclenchés à ciel ouvert.

Lou Nils joue au piano et est l'auteur des carnets de route ; Christophe Clavet campe derrière l'objectif. Rompant avec l'idée d'un récit de voyage purement linéaire, les pages de cet ouvrage sont des fragments choisis, conçus comme des fenêtres ouvertes. Photos et textes ont été réalisés et consignés au fil de l'avancée. Les notes de vécu prises au fil des jours – récits de route, impressions, courts textes de poésie, cogitations de jeunesse –, les installations, leur contexte et le geste artistique émergent des carnets, comme rescapés du brûlant de la route. L'ouvrage se donne à lire comme une partition morcelée, dans laquelle seule la chronologie reste fixe.

Relayé par la presse nationale et internationale, lauréat de sept prix institutionnels, le projet Pianotrip a également donné naissance à un spectacle théâtral et musical et à une exposition de photographies qui continuent de circuler au travers de festivals.

L'éditeur

NOTE DES AUTEURS

S'il y a des rêves faits pour dormir, il y a ceux pour rester éveillés. Sous cet angle, Pianotrip est une sommaire descente dans la rue, qui nous aura maintenus dans un état d'insomnie, entre onirisme, avancée électrique et hyperréalités contemporaines. Ce livre ouvre quelques chapitres de la traversée Pianotrip, celle d'un piano droit de salon à bord d'un vélo électrique et solaire. Un trip moderne, un cri lancé dans une Europe en crise, abordée au pied levé et à la note. Une manifestation itinérante qui a côtoyé de près le monde des possibles, où a germé un pacte de création et de rencontres, un état d'esprit qui aura duré 17 mois, à travers l'Europe, jusqu'aux portes de l'Afrique.

Nous sommes partis à l'âge de 25 ans, sans téléphone portable, ni guide touristique. Un simple atlas routier et du contact. L'idée était de faire le lien, de « réaliser » au sens large. Il s'agit d'une avancée technologique et humaine. Au jour le jour, de manière formelle ou non, des câbles électriques sont passés de mains en mains pour alimenter le vélo sur le secteur, des impromptus musicaux se sont noués, le Web a constamment influé sur la courbe de nos itinéraires. À jouer exactement là où on ne nous attendait pas, nous avons atterri au ras du présent ; à vivre hirsutes au-dehors, avec des possibilités à déchiffrer sur place, nous avons palpé l'épaisseur de l'instant sur le continent. Entre prises, lâcher-prise, et contexte de crise.

À nu, en jean troué, robe de soirée, pyjama, nous avons erré en goguette sur des terrains. Avec le mental en bulldozer, nichés dans les plis de l'accordéon du temps. Embarqués sur nos vélos et au piano, nous avons pratiqué au quotidien les montagnes russes, le rodéo, le grand écart, le saut à l'élastique, et l'art de la tentative. Nous avons cherché, entre frustrations et trésors, des pistes sonores et attrapé des décors à l'épuisette, dans le creux des routes, pour y déposer un acte. Il a fallu beaucoup de rage et beaucoup d'amour pour l'acheminer jusqu'à vous.
Avec mes rêves de cinéma et d'aventure, j'ai quitté l'ombre des théâtres parisiens en me souvenant du piano de mon enfance, et je suis partie vivre de scène et de créations *in situ*, la main et le cœur solidement accrochés à l'instrument. Christophe, lui, s'est exporté de Savoie avec son appareil photo en bandoulière et ses calepins de dessin. L'idée de parcourir l'époque en alliant innovation technologique et tradition pour créer le fascinait. Il ne s'agit pourtant pas seulement de nous.
Il s'agit d'une traversée musicale qui s'est nourrie d'inattendu et de surprise : en temps réel et sans filet. D'un passage acoustique sous tension, étrange et *vintage*, qui a bouleversé un piano droit de salon laqué noir dans une somme

de moments uniques et imparfaits. Le long des itinéraires et au creux de l'actualité bouillonnante du continent, des pistes musicales ont été convoquées en répertoire, entre connu(e)s et inconnu(e)s. « Jamais posé au même endroit, jamais joué de la même manière », répétions-nous souvent en refrain. L'idée était de coller au présent fragile et éphémère, d'incarner au moyen de personnages et de saynètes musicales à ciel ouvert en Occident, de *triper* à bâtons rompus, enfin.

Sous l'emprise du piano, les paysages ont donné corps à des tableaux vivants, plus de trois cents séquences musicales ont émergé en lecture aléatoire sur des ponts, en zone urbaine, en pleine nature, dans des ports industriels ou dans le huis clos des amphithéâtres, grappillés mètre par mètre par nos deux vélos : le Janot (embarcation appelée dans le commerce « triporteur »), avec ses deux cent cinquante kilos assistés au pédalage par un puissant moteur électrique anglais, rechargé sur le secteur partout où il passe au contact des habitants, et ses freins de moto italiens pour envisager les descentes. Son autonomie avait été augmentée grâce à un prototype de 2 m^2 de panneau solaire barcelonais, pour atteindre une autonomie de 60 kilomètres entre deux points de recharges, et nous apporter le soleil en prime, comme partenaire essentiel de cette entreprise. Et puis Zorba, le petit vélo lambda, fonctionnant uniquement à énergie humaine, qui jouait le rôle du poisson-pilote… quand il ne se calfeutrait pas derrière le caisson pour garder l'aspiration, entre deux coups de vent. Dans son panier à l'avant, il y aura toujours le lecteur mp3, le carnet de route en cours avec son stylo, et les fruits et légumes consommés le jour même. Sur son porte-bagages, le tabouret du piano maintenu par un tendeur, toujours prêt à jaillir, surplombant deux sacoches.

L'aventure a pris la dimension qu'on a bien voulu lui donner sur place : un oscillement permanent entre ridicule et sublime, précaire et solaire. Sa plus grande force réside dans sa fragilité. Nous avons souvent continué avec les moyens du bord et la population croisée. La traversée a, par ce biais, atteint une intensité difficile à restituer ici : il s'agit par là d'un acte abouti grâce à une somme d'inconnu(e)s.
« Ceci n'est pas un voyage, c'est un catapultage », avec tout ce qu'il comporte de surréel, de fulgurant et de parcellaire. En deux ans d'itinérance, ce piano a tutoyé les espaces : il a foulé des langues de terre, de la musique, des terrains, des terreaux, un office du tourisme, des champs, quelques dunes, la rue, beaucoup de stations d'essence. Des chemins, des châteaux, une laverie automatique, des casernes et des monts. Du béton armé, une résidence artistique, de l'adrénaline. Des entreprises, des hameaux, de la curiosité, de la glace, des places, des palaces, des gens, des jardins privés. Des institutions, de l'été, des pleurs, de la sueur, des klaxons, des pôles et des zones, des quartiers, des villages, des lieux-dits, des inédits, beaucoup de non-dits.

Pour coller à l'essence de Pianotrip, à son identité et à sa logique de mouvement, nous tentons de donner des clés de la traversée à travers un assemblage photos-textes qui rouvre les travaux réalisés sur la route. Le trip est au fondement de notre œuvre, on crée le chemin sur lequel on marche, ce livre est comme une première pierre d'angle : utiliser le mouvement d'un voyage, combiner des éléments existant sur le marché pour travailler sur (et au contact de) l'époque.

Douze pays traversés au jour le jour, avec don Quichotte à portée de regard. Un carnaval à temps zéro et à temps plein surtout. Tous les jours au nu de l'action, ou en parade sur les larges avenues. Solidement ancrés en 2010-2011 – des temps qui courent –, pour une ballade *live* et solaire sans arrêt nouvelle.

Lou et Christophe

ITINÉRAIRE

FRANCE Annecy, Ugine, Faverges, Albertville, Saint-Jean-de-la-Porte, Aiton, Saint-Jean-de-Maurienne, Modane • **ITALIE** Susa, Chivasso, Pavie, Crémone, Mantoue, Venise • **GRÈCE** Patras, Corinthe, Athènes, île de Lesbos, île de Lemnos, Kavala, Dráma • **BULGARIE** Gotsé Deltchev, Bansko, Velingrad, Belovo, Sofia, Gara Bov, Varshets, Montana, Brusartsi, Vidin • **ROUMANIE** Calafat, Punghina, Drobeta-Turnu Severin, Orşova, Caransebeş, Timişoara • **HONGRIE** Makó, Kecskemét, Budapest, Szentendre, Esztergom • **SLOVAQUIE** Nána, Komárno, Bratislava • **AUTRICHE** Pama, Mönchhof, Pamhagen • **HONGRIE** Szombathely, Zalalövő, Csesztreg • **SLOVÉNIE** Kobilje, Ptuj, Celje, Ljubljana, Postojna • **ITALIE** Latisana, Venise, Montagnana, Mantoue, Broni, Pedemonte, Gênes • **MAROC** Tanger • **ESPAGNE** Tarifa, Cáceres • **PORTUGAL** Monsanto, Abrantes, Lisbonne, Comporta, Odeceixe, Lagos • **ESPAGNE** Ayamonte, Huelva, Séville, Jerez de la Frontera, Facinas, Tarifa • **MAROC** Tanger

JOURNAL

Et si je pouvais échapper à la sclérose ambiante, bien sûr que je le ferais ce long voyage, et que je vous emmènerais avec moi : avant, on se ferait des plans sur la comète, et puis… et puis… Oui, c'est *ça les gars ! Et puis on partirait en Europe, épiques et modernes, à la recherche du temps retrouvé ; la banderole* May the Trip be with you *flotterait en larges volutes sur le sillon de nos pas, je jouerais à bâtons rompus, enfin, pour de vrai. Et même que le soleil ne nous brûlerait pas trop les ailes…*

20 février 2010, une semaine avant le départ
France, sous la neige

« C'est avec des pieds d'argile que les pédaliers se sont enclenchés. »

La résultante de doutes, bien trop souvent assenés sans discussion réelle quant à notre inconscience, ou pire, à la fameuse « conjoncture actuelle » en refrain persistant, a fini par nous grignoter au terme de dix longs mois de préparation. Du genre de ceux qui vous brisent l'échine avant même d'avoir fait l'effort réel de remuer. Il faut dire que nous étions débutants. Des aspirants dans une formation inédite qui faisaient le pari de s'affranchir un temps du pétrole, de l'art à guichets fermés, et d'une paralysie sécuritaire où agir devient un acte inconsistant, dans une jungle encombrante. L'histoire de la bouteille, vue comme à moitié pleine ou à moitié vide. L'éternel bras de fer entre les faiseurs de possible et d'impossible, les bâtisseurs d'espoirs et les templiers du noir, du oui et du non. Côté vide, ce projet était perçu comme inaudible car utopiste, atypique, risqué, inutile. Côté plein, il était perçu comme puissant car utopiste, atypique, risqué, inutile.

Le trip ne demandait qu'à exulter. Mais malgré toute la joie, l'envie, l'excitation d'embarquer enfin sur un piano-vélo électrique et solaire, prêts à traverser l'Europe en musique et sans frontières, le départ se fit avec le mental bunkerisé. Serré dans un étau d'émotions contradictoires. Le départ de deux jeunes, par les temps actuels, des temps frileux. C'est comme ça qu'on s'est embarqués dans le monde de tous les jours, dans les jupons de l'Europe, pour une comédie musicale de tous les instants sans commune mesure, en résonance cinglante avec toute la démesure austère actuelle. À bord d'un piano monté sur un transport à mobilité douce, avec l'envie de déposer autant de notes que d'en prendre, à la recherche de mélodies nouvelles et de soleil, pour avancer.

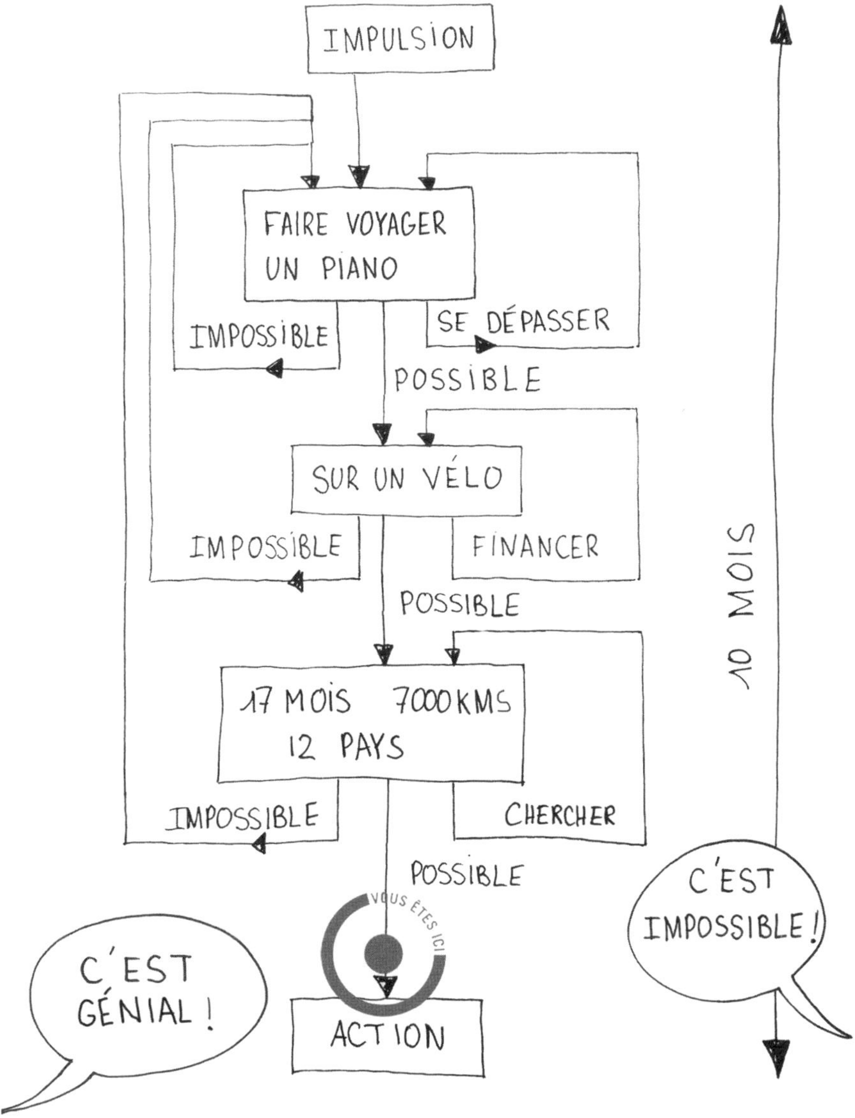
IMPULSION
FAIRE VOYAGER UN PIANO
IMPOSSIBLE
SE DÉPASSER
POSSIBLE
SUR UN VÉLO
IMPOSSIBLE
FINANCER
POSSIBLE
17 MOIS 7000 KMS 12 PAYS
IMPOSSIBLE
CHERCHER
POSSIBLE
VOUS ÊTES ICI
ACTION
10 MOIS
C'EST IMPOSSIBLE !
C'EST GÉNIAL !

Mise au point, Saint-Jean-de-la-Porte

Sévrier

27 février 2010, à 12 heures
Annecy, place de l'Europe, face au lac

Ouverture

Départ
Midi
Jour de carnaval
Au Jardin de l'Europe
Pas fait exprès pour le carnaval
J'ai dans la tête des cotillons
Un tourbillon
Et une charge de cavalerie.
Les klaxons sonnent dans tous les sens.
On avance.

Combe de Savoie

28 février
Marlens (Haute-Savoie)
Cortège

Une pause à dix kilomètres
La Leçon de piano en face du lac
La première soirée, tous les amis qui ont suivi à vélo
En farandole sur les trente premiers kilomètres
On arrive chez les parents, en deuxième étape
La presse se déchaîne pendant trois jours
De près ou de loin, tout le monde a un avis sur un piano-vélo.

29 février
Aiton (Savoie)
Jean, fleuriste, premier passeur d'électricité

La première recharge des batteries se fait chez un couple de fleuristes à l'entrée d'Aiton. Après une poignée de main généreuse, on sort et déroule la rallonge. Le garage familial vient de remonter sa tôle pour l'occasion. Vingt petites minutes à discuter ensemble, ici. On nous raconte une infime partie du quotidien en magasin. La Saint-Valentin et la fête des Mères à travers le prisme des fleuristes, c'est poétique, c'est surtout les plus gros jours de l'année, du matin au soir. Je suis à une vingtaine de kilomètres du village de mon enfance, et pourtant me voilà en voyage, les yeux grands ouverts. En partant, le propriétaire nous dit : « C'est bien, ce projet, tout est au bout de la prise en fait, si j'ai bien compris. Faut que le courant passe pour avancer. »

(… Tirer la rallonge du caisson et aller se brancher sur un secteur, pour recharger les batteries… Combien de fois vais-je faire ce geste au quotidien ?)

13 mars
Liaison France-Italie
par le tunnel du Fréjus

Interlude

2010.
Présidence
de Nicolas Sarkozy.
Jugement de Clearstream. Grippe et polémique
A(H1N1), campagne de vaccins. Débat sur l'identité
nationale. Loi sur l'interdiction du port du voile
intégral. Licenciement de Stéphane Guillon et Didier
Porte à France Inter. Affaire Bettencourt. Sécheresse
et état de catastrophe naturelle en Aquitaine. Affaire
Ribéry-Zahia ; grève de la Coupe du monde en
Afrique. Montée du Front national. Rentrée
scolaire : réforme Darcos. Renault annonce
un plan de retraite anticipée pour 3000
salariés. Moratoire de trois mois de Matignon
sur les projets de développement de l'énergie ITALIE
photovoltaïque. Éclipse lunaire totale. 2011.
« 2011 restera peut-être comme l'année de
l'éclosion des révolutions émergentes. » Bilan,
Le Monde. Scandale du Mediator. Scandale de
DSK et bébé présidentiel. Visite du dalaï-lama.
Indignez-vous ! Stéphane
Hessel.

13 mars
Plaine du Pô, Italie

Partition de route

En lecture sur mon baladeur: «The Golden Age», de The Asteroids Galaxy Tour

À portée:
Des lignes droites
Des camions
Et du plat.

Du froid.

14 mars
Chivasso (Piémont), pluie
La dynamique de l'explosif

On roule, une chambre à air éclate, on répare, on repart. On roule, une chambre à air éclate, on répare, on repart. À bord on dispose de trois chambres à air de secours pour l'ensemble de la traversée – des supposées increvables. Increvables, increvables... Crevées ! Elles ont toutes crevé ou explosé en une matinée. Six fois dans la première journée italienne pour 3 kilomètres ; environ 400 kilos à mettre sur cales à chaque fois. Baptême du feu, l'idée même du piano à bord s'évanouit du champ de vison, de la tête et des doigts. Chercher le problème en spéculant sur le fond de jante, et en attendant, s'évertuer à réinventer l'eau chaude en improvisant des crics de fortune pour surélever l'engin au moyen de pierres et de bouts de bois ramassés à la sauvette dans les fossés. À défaut, courir en agitant les bras derrière les voitures, pour leur emprunter le leur. Acheter un cric, c'est hors de question. Parce que acheter un cric, c'est envisager de nouvelles crevaisons.

17 mars
Sous la tente le soir au coucher, pluie
Turnaround

Un problème, une rencontre, un café, des problèmes, des rencontres, des cafés. Journées pleines, singulières, plurielles. Capotage de la mémoire : où a commencé le matin ?

*

[...] La nuit dans les duvets, on se lance des grands « bonsôars ! » avec la barre au crâne, parce que c'est pas dur de deviner que demain ce sera « carnaval ! » ; un autre jour en bande dessinée, à ramifications choux-fleurs, bourrées de souvenirs collector qu'on aura du mal à rembobiner jusqu'au matin suivant. Entre rires gras sous les pétarades des chambres à air et accolades caféinées des Italiens, on est dans l'antichambre de l'avancée. Mais déjà un jour en vaut quatre compilés. Ce soir, dormons sur un stade de foot municipal, prêté par les vétérans du club.

17 mars
Note du jour

Magie des sacoches

Je découvre l'incroyable capacité de stockage des sacoches de vélos. Moi, inconditionnelle bordélique, je n'en finis pas chaque jour de continuer de remplir, fourguer, entasser en me disant à chaque fois que ça ne passera pas, et toujours, il reste de la place. Magie du peu à vélo, on se livre et se délivre en cours de route.

Entre Pavia et Crémone

18 mars
Listing sur le vif
Cadeaux de bords de route

Hier

Glaces Miko
2 T-Shirts Agip (station d'essence)
1 bonne cuite
2 chambres à air Michelin (du bon diamètre !)
1 bouteille de lambrusco mantovano[1]
1 plat de *merluzzo fritto*[2]
1 *torta sbrisolona*[3]

Depuis l'arrivée en Italie

1 *bagna cauda*[4] (chez Claudine)
1 tableau de lithographie (par un graphiste, chez lui)
5 dessins d'enfants
1 table d'harmonie de violon dédicacée (par un musicien)
3 bouquins de la région (par un officier de police)
1 CD de musique classique locale (par une mairie locale)
1 kyrielle de cafés spontanés (partout)

Je ne compte plus les lits, les jardins et les maisons
Ni les coups de klaxon.

---

1. Vin produit dans la province de Mantoue, en Lombardie.
2. Friture de merlan, plat typique de Lombardie.
3. Dessert typique de Lombardie, aux alentours de Mantoue, intégré au patrimoine culinaire de l'Italie.
4. Littéralement, « bain chaud » : cuisine traditionnelle piémontaise, à base d'anchois et de crudités assaisonnées à l'ail, et à l'huile d'olive chaude.

21 mars, à 15 h 10
Crémone, brume, taux d'humidité élevé
À deux pas de chez Andrea, en compagnie des luthiers

Non-lieu

Crémone, un des points les plus humides d'Europe.
Dormons chez les Erasmus luthiers
Logés dans leurs appartements-ateliers.
À cette époque, le ciel est un trou blanc
Souvent teinté de gris-noir opaque
Avant de délaver le béton.
Dehors, dans le corridor d'Andrea
Le piano ne joue pas
Le piano ne joue pas.
Ses tampons, gonflés d'humidité
Ses axes gonflés et désaxés par la sape de la pluie.
Piano Muet, c'est aliénant ce silence
La bande de violons s'éparpille
Ça dénude dans le pire
Ça fait peur
Peurs, pleurs
Tout s'infiltre au galop.

Une note sur six parvient à éclore. Christophe jongle
avec les marteaux pour les faire timbrer, pendant
que je ne fais rien de bien en face du clavier.
Le piano-vélo me nargue en coin sur le pavé.

Une gifle
Un ratage
Un antitrip

21 mars
À Crémone

Au diapason

[...] À la quatrième semaine de traversée, en guise de « première » dans une ruelle à l'étranger – fiasco et failles fendues dans la tête –, je me fais dévorer par l'échec sur le bas-côté de la chaussée, dans ma petite robe de dentelle écrue sortie pour l'occasion. Ils avaient peut-être raison, au fond, de ne pas comprendre.

Établi et violons en construction,
appartement-atelier d'Andrea

21 mars, le soir
En bordure de voie romaine, sous la tente

Leçon amère

Le contrôleur de batteries, défectueux, nous laisse une moyenne de 10 kilomètres d'avancée par jour au lieu des 60 escomptés. L'acte de transporter un piano et d'en jouer en concerts impromptus est une chose sur laquelle on ne peut avoir aucune marge de contrôle, qui a sa propre forme d'être. Nous n'aurons jamais le dernier mot sur ses possibles. Pas où on veut, ni quand on veut. Vissés plutôt à la cheville du monde moderne. À sa météo, à l'état d'esprit d'autrui, à ses terrains, ses caprices. Tout nus, avec une balle dans le pied, au milieu de ses zones de droit et de non-droit, qui varient comme sur un échiquier géant. L'acte est brûlant, il nécessite toute mon énergie dans les endroits les plus improbables pour maintenir une avancée fragile. Amenés à être dépassés, désinstallés en permanence, entre l'apprivoisement et la sauvagerie de sa lenteur. Le jour du départ, comme sur la route, je croyais avoir atteint la couche maximale de dépouillement, mais non. Il faut se rendre à l'évidence : ne pas tomber dans l'acharnement de ses propres projections, devoir descendre encore plus profond pour approcher le lâcher-prise, s'adapter, pour garder la logique de mouvement intacte et tirer jusqu'à la musique. Tout ça, ici là maintenant, je ne sais pas si j'en suis capable.

Réveil, 2 °C ce matin

Au bar Coop, avec la bande à Aldo. Il joue avec mon appareil photo.

27 mars
Gazzuolo (Lombardie)
Chez Chiara, vétérinaire et apicultrice
dans le jardin de la ferme

Respiration

Le piano est ouvert en trois parties sous les pommiers. Le bois s'aère au soleil. Ça vit. L'humidité s'échappe, le timbre de l'instrument est revenu avec le premier jour qui revêt un caractère de printemps. Devant le perron, Chris renforce les fonds des nouvelles jantes reçues par exprès depuis l'Angleterre pour solutionner le problème des chambres à air explosives. Chiara enfile une tenue d'apicultrice, et part vers les ruches. Le piano sonne depuis le matin ; de longues boucles jazzy qui me délient les doigts et l'esprit, ponctuées par quelques ballades erratiques accompagnées des gazouillis timides de mésanges et autres passereaux.

La rencontre avec Chiara s'est faite par l'intermédiaire d'Aldo et sa bande avant-hier, à la sortie du bar. À 20 heures, on franchit à tâtons le portail de sa ferme. La cinquantaine, coiffée d'un carré court grisonnant, elle est solidement campée sur le sol, dans ses bottes en caoutchouc, son jean, et son chemisier à carreaux. C'est la seule vétérinaire dans la région rurale qui entoure Mantoue, quand elle ne se transforme pas en apicultrice, dans le fond de sa propriété. Sans nous connaître, elle nous lance ses clés de maison en nous souhaitant la bienvenue sur le pouce, avant de s'engouffrer dans sa voiture et de faire gicler les graviers : « Je vous conseille de monter pour la salle de bains. Moi je file à Mantoue, j'ai une soirée. *Un bacio, ragazzi !* »
Dans la salle de bains, il y avait un jacuzzi et une bouteille de lambrusco mantovano posée sur le rebord.

On repart à neuf, avec un pot de miel de son jardin.

HORS-JOURNAL

Poème – État d'esprit
Mois de mars, sur la route de l'Italie du Nord
Instantané

Dans ce laboratoire mondial
Trouver le facteur déclencheur
Faire le point.
Ne pas négliger la valeur des objectifs
Prendre le négatif photo du présent
Allumer la lumière rouge
Et se révéler, progressivement
En recherchant les fines particules d'argent qui flottent
Prendre une bonne résolution
Des bonnes résolutions
Puis faire reset.

Se porter en bandoulière
Pour ne pas finir dans une sacoche
Partir en rafale
En naïve cavale
Tenter le mode flash
Pour une rapide apparition
Se cadrer, pour mieux se décadrer
En faisant attention de ne pas brûler
L'histogramme de l'horizon

Mettre en stand-by le mode auto
Parce que automate, autoroute

Autocollant
Et activer la case manuelle, la manivelle

Pour savourer les déclics
Qui même en cas de pannes mécaniques
Restent une ébauche unique
De l'instant zéro.

30 mars
À la terrasse d'un café, en pause-recharge
Mise au point

Deux semaines que nous arpentons Lombardie et Vénétie à une vitesse d'escargot. Les portes des maisons s'ouvrent de plus en plus. La logique de l'organisation commence à s'orchestrer et son quotidien nous emporte loin. Quand la journée se termine en campagne, on ne dort jamais loin des villages, en évitant au max les terrains vagues. Au réveil, tente et campement se rempilent, on file le ventre vide dans le premier bar ouvert pour un café, se débarbouiller sommairement au lavabo, brancher l'embarcation sur prise secteur. À midi, les marchés locaux sont notre principale cantine. Très présents dans le paysage, ils n'entament pas le porte-monnaie et régalent le corps.

[...] On s'est mis à glaner et stocker des objets et des tenues avec l'envie de s'en resservir pour créer des situations plus tard, au piano. Pas d'idées précises pour l'instant, juste le désir de refléter le mouvement de leur incroyable circulation, de triper avec leurs présence et composante dans le paysage, l'excitation aussi de se dire que certains vont avoir leur rôle à jouer, sans savoir quand ni comment. Pour l'instant, ils atterrissent dans une grande valise grise prévue à cet effet. Aujourd'hui j'ai fait l'acquisition d'un chapeau, type borsalino, qui ne demande qu'à swinguer en face du laqué du piano.

30 mars
Italie du Nord
Expression

Ici, le mot *piano* = « lentement » ou « étage ».
Lu et entendu une bonne demi-douzaine de fois par jour, matin, midi et soir. Il chante agréablement en bouche.
En dépit du bitume défoncé et du flux continu des camions abordés sur les deux voies – « *Piano ! Piano !* » –, pas de doute : on est sur la bonne route.

1er avril
Pensée de guidon
La note sensible

Pédaler en sentant les jours rallonger et penser au soleil, aux concerts qui se rapprochent grâce aux mollets est sans doute ce qui me ravit le plus. On arrive en tout cas à traverser l'Italie à vélo, avec un piano dans le dos, et ça, c'est déjà totalement incroyable. '*O Sole Mio, ANDIAMO* !

[...] Oh les beaux jours ! Envie de créer comme un ouragan. Comme quand je jouais dans la cour de l'école maternelle.

3 avril
Entrée dans Venise, première grande ville
Contretemps

(Rédigé sur un coin de trottoir, tout juste arrivés)

Embarqués sur l'unique pont[1] de 3 kilomètres qui mène à la lagune depuis le continent. La caisse du triporteur est enrubannée de bandelettes aux striures blanc et orange criardes, marquées « Polizia ». Elle ressemble à un œuf de Pâques, et nous à des cloches. Comique de répétition : les cloches sonnent au loin. D'ailleurs, c'est Pâques aujourd'hui. L'odeur de mort et de fracas a disparu du pont. Compromis tacite de tous les côtés : au ralenti sur notre passage, le trafic est devenu bien docile. Tout à l'heure, la circulation moyenne décoiffait en continu le bitume à 80 kilomètres/heure, et je n'aurais pas donné cher de nos 12 kilomètres/heure de vitesse moyenne si on s'y était engagés seuls. Arrêt sur image de deux « Don Vélotis » à la conquête d'une ville à la vue imprenable appelée Sérénissime, à dos de piano-vélo, escortés en grande pompe par la police sous le chant contemporain des sirènes, flashés par leurs gyrophares. Un fourgon blindé derrière, une voiture de patrouille devant. Les voitures qui nous dépassent lentement ont le regard hésitant quant à notre statut. Entre bandits et pop stars. Un train en parallèle ralentit sa vitesse pour suivre la progression de notre beau quartet sur la trois-voies.

À l'arrivée, un inconnu nous attend au coin d'une rue et nous ouvre la ville. Il s'appelle Stefano mais vu la panoplie de surprises qu'il nous déballe, pour nous ce sera « *Maestro* ».

---

1. Entre Mestre et Venise : seul pont qui ouvre l'accès à la ville, par voie continentale.

Entrée secondaire dans la ville

Venise, premier regard en faisant rouler ma valise sur le pavé

7 avril
Campo Santa Margherita, devant chez Stefano
Temps fort : premier Pianotrip

12 h 45

Tu déroules,
Je tire, le vélo se lève
Tu pousses, je soulève et pose.
Une synchronisation de petits gestes.

Bien coordonnés, c'est pas lourd,
Et même assez rapide.
Ici c'est facile,
Le sol est plat et lisse.

En trois temps, pont Molin

Par-dessus les ponts, quartier Dorsaduro

13 h 15 Hey ! Musique *maestro* !

Jours de ciel bleu, les meilleurs de l'année ici, paraît-il. Le piano puis le vélo passent par-delà les ponts avec l'aide de Vénitiens, à mains nues. Stefano suit juste derrière avec le tabouret dans les mains. Je cours tantôt devant, tantôt derrière, chamboulée. La ville est peut-être interdite aux vélos, mais ce sont ses habitants, ceux rencontrés au coin des rues, qui font parvenir ce concert dans leurs murs à bout de bras… Le centre-ville s'ouvre comme un bijou. Le timbre du piano se répercute en sons de cloche sur les façades, et se disperse plus rapidement sur les quais. La musique sort, en torrent. J'ai commencé par une intro classique, comme pour m'imprégner des lieux, des gens et des volumes. Mais bientôt « Come as you are » prend le dessus et m'emmène ailleurs… Une personne s'accoude au troisième étage. Je porte la seule tenue de scène que j'aie pu prendre avec moi, une confection-main confiée par une jeune créatrice aixoise avant le départ : « Tu lui feras voir du pays. » Coïncidence-cliché qu'elle sorte ici : elle fait écho à celle, quasi identique, des gondoliers qui passent en contrepoint en fond de toile, sur les canaux. Le réel s'amuse parfois de détails, et s'ingénie à les faire matcher de façon surréelle. Je sens que je me fais adopter par le paysage.

17 h 50, Ponte dei Pugni

[…] À l'heure de la sortie du travail, les ruelles sont saturées de passants. À peine le piano a-t-il été posé que les gens ont pris place et sont restés accrochés à la petite balustrade sur le pont. Le tripant était devant moi, déclenchant des variations sur Satie. À la fin du dernier morceau, un homme me tend rapidement une lettre dans laquelle il me confie qu'il a pleuré tout à l'heure.

21 heures, Campo Santa Margherita

Le piano a circulé dans une bonne partie de la parcelle de ville qui s'est offerte à nous. Mais le temps a passé, il fait nuit, on est bloqués dans l'hypercentre richement éclairé, sans pouvoir envisager le sésame de retour à l'université pour garer le piano-vélo avant le lendemain. Poids du souci de l'embarcation dans la tête. Difficultés supplémentaires en ville, de nuit, pour imaginer des solutions. Le triporteur est poussé dans le retranchement d'un hall d'habitation privée miniature – sans succès. Un éditeur, rencontré sur le comptoir du piano, mentionne un accès à une cour intérieure, derrière une supérette dont il connaît le patron – sans succès. Après une série de mini-ratages et de rencontres pêle-mêle baignées d'incongru, c'est finalement sur le plancher cosy d'un salon bourgeois, entre les cris réticents de Monsieur en haut et la validation enjouée de Madame en bas, que le piano-vélo atterrit pour la nuit, face à une belle bibliothèque. Juste à quelques mètres du Ponte dei Pugni, où on a joué tout à l'heure.

L'éditeur qui nous accompagne est toujours là, il attend dans sa barque. On embarque et se dirige jusqu'à chez lui en passant sur les canaux méconnus. Sur les côtés, quelques masques de pierre se reflètent dans l'eau bleuie du soir, la lune les sublime. On ressort des heures plus tard dans la ville avec un pot de moutarde française à la main, une belle vision du monde, et une proposition de jouer sur une île privée à l'occasion de la célébration de son mariage.

7 avril, à 17 h 54
Ponte dei Pugni, Venise

La Sérénissime

Venise
Devient ville des possibles
Des passerelles
Une histoire de ponts.

Le poids d'un homme
Il nous héberge
Il nous ouvre l'université
Organise un concert
Convoque la ville
Nous fait passer par-dessus les ponts et dans la presse.

Il Maestro delle sorprese
Stefano

7 avril
Campo Santa Margherita, chez le *Maestro*
Viva !

Un miracle pour nous d'être là.
On ne sait jamais de quoi demain sera fait, mais si c'est ici que ça s'arrête, ça vaut déjà tous les coups d'en être. Quand on se relance, un peu partout on dit aux Italiens qu'on part poser un piano en Europe, mais que si la suite ne présage rien de bien, si pour les mille surprises de chaos technique qu'on connaît déjà ainsi que celles à venir, on n'avance plus…

… Eh ben on reviendra ici,
pis notre tour, il sera 100 % italien
parce qu'on fera le pays de fond en comble
parce que c'est trop bien avec les Italiens.

8 avril
Venise
Une semaine chez le Maestro *des Surprises*

Stefano : « Demain, on prend le vaporetto, direction l'île du Lido, je vous présente ma mère. »
Sa mère est une costumière-chorégraphe émérite, dont les créations sont imaginées pour se transformer sur les danseurs pendant leur performance. Dans son atelier, au milieu des mannequins, j'imagine une danse soufie de certains de ces personnages qui virevoltent sur le reflet du laqué noir du piano. Cela réveille mon envie de jouer. En théâtre, au piano, un rien peut la déclencher.

[...] Stefano partage une maisonnée avec son père. Le premier jour, après une douche salvatrice, il avait dit : « J'ai une autre surprise aujourd'hui pour toi. » Il ouvre le salon, demande de l'aide pour retirer une grande housse en cuir noir. On découvre un immense Steinway & Sons de concert. Énième surprise de la journée : son père est chef d'orchestre. Je joue pendant de longues heures sur ce piano, seule et déconnectée, en pensant à la charge de tout l'incroyable qui peut arriver en cours de route, en regardant Venise par la fenêtre.

Fragilité de l'entretien

8 avril
Ca' Foscari, Venise
Cour de l'Université scientifique
Piano-mécano

L'état du piano, préoccupation majeure après sa mésaventure sonore à Crémone : de retour à la Sérénissime. Stefano contacte la perle rare, sûrement un des seuls accordeurs qui sachent traiter efficacement l'excès d'humidité, vu les conditions rencontrées à Venise. Son diagnostic pour entretenir et empêcher le gonflement des axes ? Un spray d'huile pour moteur automobile. Solution simple, rompue à toute épreuve, et en prime, accessible à peu près partout. Notre piano devient un vrai *roadie*.

Campus scientifique, Université Ca' Foscari

Dans les rues de Venise, en direction du ferry

8 avril, au coucher
Note du jour

Clé à portée

[…] L'aventure, elle commence
Quand elle te dépasse.

9 avril
Port de Venise

Connexion et déconnexion

« On embarque pour la Grèce. *Ciao, Maestro, Ciao, Italia, Ciao, bella, Ciao, ragazzi. Andiamo!* »
Le sentiment de ce mois et demi se morcelle en cartes postales, du cerveau jusque dans le cœur.
Premier pays traversé. Fin de l'Italie, fin de l'hiver. Le prochain épisode s'ouvrira sur le Péloponnèse, en Grèce. Cette réalité devient tangible et palpable quand je plonge mon

La ville se met à défiler comme un ruban

regard sur le quai et sur l'équipage s'affairant sur les cordages dans la plage de manœuvre. Impression mutuelle qu'une vignette géante « Approuvé – Bon pour étape suivante » estampille notre mémoire-tampon en continu. Le ferry démarre en monument ; la pupille se dilate, la ville se met à défiler comme un ruban, en face. [...] Largage des amarres et changement de repères. Il y a des conversations en grec çà et là, je saisis quelques mots, les note dans mon carnet. Chris nettoie méthodiquement son appareil photo avant de sortir ses crayons et son calepin de dessin. La lourde machinerie avance, et c'est étrange, très étrange, perturbant de continuer de se mouvoir sans avoir à agir, réagir, pédaler soi-même pour bénéficier d'un paysage en mouvement. Résultat : déphasés, étonnés, on s'écroule sur les canapés, happés par un trou noir de sommeil.

9 avril, à 13 heures
Liaison Italie-Grèce
Départ du port Marghera, Venise

Interlude

Président de la
République Giorgio Napolitano,
Silvio Berlusconi chef du gouvernement.
Janvier 2010, des émeutes, après une attaque
raciste. Janv. 2010, l'Italie adopte
un plan de lutte extraordinaire contre
la mafia. Février 2010, annonce
d'un retrait progressif d'Afghanistan
en 2011. Mars 2010, le Sénat
adopte un projet de
loi qui évite à Berlusconi
d'être jugé pendant dix-
huit mois. Mai 2010
chômage au plus haut GRÈCE
depuis 2002 en Italie : 8,8 %.
Mai 2010, l'Italie
adopte un plan d'austérité
de 24 milliards d'euros. Juin 2010,
grèves et manifestations en Italie
contre le plan de rigueur du
gouvernement. Juin
2010, l'Italie est
éliminée du
Mondial
de football.
Septembre 2010, Silvio
Berlusconi, aux prises
avec le scandale
« Rubygate ».

10 avril
Sur le ferry entre Venise et Patras
Soupir

J'ai imaginé un Pianotrip là.
Devant l'incapacité,
J'ai dansé.

Moment volé

HORS-JOURNAL

Cogitation – État d'esprit
Mois d'avril, sur le bateau

Triper

En lecture sur mon baladeur : Patchanka, *de la Mano Negra*

Triper *dans la langue de la jeunesse,* Duende *selon Lorca : un état d'esprit connecté à l'âme, qui transcende le spleen. Il n'y a pas d'âge, pas de classe sociale pour triper. Par sa nature dionysiaque et volatile, le trip échappe à l'étalonnage de la raison.*

Derrière le mot, l'idée d'exulter, déborder, vibrer, incarner, décharger, exprimer, ressentir, transpirer, transcrire un état sur le vif, immédiatement : un voyage dans le voyage. Mot tourné vers l'éros, lié au cri, à l'intense. Un cri de vie. Une infinité de formes, de matières et d'expressions dans la notion : il y en a des lents, des sereins, des brûlants, des poignants, des barrés, des corrosifs, des doux, des hilarants, des construits, des stupides, de trips… Le terme est couramment utilisé mais ses contours mal définis, et donc, son contenu inégal et controversé reste quelque part livré aux tripes de chacun, ce qui n'est pas si mal, finalement. Car il demeure au moins libre d'interprétation et d'investissement. Il incarne l'émotif, le sensible, l'immédiat, le « senti »

comme le ressenti, l'instantané si cher à cette époque. On imagine la fulgurance d'un jet de peinture bariolé, lancé à toute volée contre un mur blanc ; ou une étincelle crépitante. La tentative de définition s'arrête d'ailleurs là car son essence échappe à la raison mère : triper, ce besoin si primordial, si distant dans le panorama par les temps qui courent. Malgré toute l'innovation et l'inventivité dont cette époque est capable…
La seule utopie n'est-elle pas, dans tout ce barda qu'on tracte, de partir créer en misant sur la capacité du continent Europe à triper, envers et contre un état de sinistrose aiguë de surface ? Mais par temps gris, c'est l'approche de cet idéal, la recherche du tripant, qui l'emporte. Avec la musique, un véhicule dans le véhicule. Nous ne sommes pas seuls à le chercher et le chérir. Alors en route ! Ceci n'est pas un voyage, ceci est un catapultage.

13 avril
Sur la route du Péloponnèse
Let the music play ! (Oh yeah !)

Validation du passeport musical :
Le soleil
Le soleil
Le soleil est là !

[…] On palpe les changements. Poumon nouveau du voyage musical, le soleil fait disparaître toute la froidure du premier mois sur les routes. Troc des *ristretti* italiens contre des *hellenicos* cafés. Absence de vélos contre testostérone avérée des moteurs partout sur la route : ils sont rugissants, vrombissants, écrasants. Je comprends mieux la pensée écolo dans ces moments-là.
Aujourd'hui, premier pic de descente à 38 kilomètres/heure, et premier moucheron avalé. Je virevolte d'une montagnette à une autre en criant de temps en temps à tue-tête « *PODILATO !* » (« bicyclette » en grec), sans restriction. Le relief est plus contrasté, avec l'apparition des courbes et des dénivelés que le corps doit s'approprier dans un jeu de montagnes russes de plus en plus prenant.

Trois jours d'isolement pour atterrir de l'Italie et se reconfigurer en mode terre d'approche. Barrière de la langue, de son alphabet. Inattendu ici : le piano n'a pas la même présence, il ne fait pas partie des bases traditionnelles et revêt une touche d'exotisme. L'influence de l'Asie Mineure est très prononcée dans l'expression de la musique populaire et classique.

Mer Ionienne. La côte est flanquée d'une pagaille d'orangers et de citronniers, de quelques vignes et d'oliviers. L'air est plus chargé, on identifie rapidement les odeurs de pin, de lilas et de jasmin sur les bords des routes. Aucun point de la Grèce n'est éloigné de plus de 100 kilomètres de la mer, dans le Péloponnèse.

14 avril
Près de Kineta
L'histoire du petit baladeur mp3

[...] Chris a fait un dessin de moi en train de manger littéralement les sons mp3 au couteau et à la fourchette, comme un bon rôti. Je le fais souvent à vélo, au moyen du petit baladeur mp3, offert avant le départ par Jérôme, un ami. Au moment où je pédale, il travaille à être pilote de rallye, avec un mental qui, d'entrée, impose l'estime. Avant de partir, à la fin d'une soirée chez lui à écouter des disques vinyle en faisant le grand écart entre les genres, on s'était quittés d'accord sur le fait que le titre « They Don't Care about Us » de Michael Jackson était l'antidote parfait pour se mettre en condition au top départ d'une course ou d'une entrée en scène fracassante. On s'est dit au revoir, en faisant la promesse de l'écouter à l'oreillette souvent, dans nos étapes respectives. Cette chanson partagée, comme pour exprimer toute la gniaque qui maintient nos vies brûlantes, qui nous manque parfois quand nos rêves s'essoufflent, et la retrouver dans les moments de faille dans ce qu'on entreprend. Grâce à lui, et grâce à ce petit baladeur que je garde dans le fond de ma poche, j'engrange en cours de route les sons dans ma tête. Ils s'entassent, je les savoure, les mets en lien, les ressors.

Citrus & Hespérides, Péloponnèse

15 avril
Bribes de carnets
Protocole

[…] Ne plus se faire conter le monde, y participer.
[…] Créer H24.
[…] L'appel au trip sous le fard des paysages actuels.
[…] Mode d'expression : le graffiti sonore.
[…] Réévaluer l'ordinaire des paysages comme source d'étonnement, d'esthétique.
[…] Scénographier l'instant.
[…] Exercice de style au piano : décliner un lien, une émotion, un personnage, au moyen d'un air, d'un lieu, d'un objet.
[…] Créer le chemin sur lequel on marche, faire de sa vie une œuvre d'art, un nouveau romantisme d'action.
[…] Certains me casseront les fenêtres, ils me devront les marteaux.

Sur la route du tourisme

15 avril
Akrata, Grèce
Vision de l'Europe par le patron d'un camping

« Europe, le nom vient de la mythologie grecque. Vous connaissez l'histoire ? Pour séduire une énième mortelle et se cacher de la colère de sa femme, Zeus se transforma un jour en taureau, et enleva la belle Europe jusqu'à l'île de Crète. Eh bien ça résume assez ce que je pense de l'Europe actuelle, vous voyez : un gros taureau qui fonce dans un nuage de poussière, avec des idées prestigieuses en tête... L'ennui, c'est qu'on ne sait plus trop vers quoi il va, ni pourquoi il n'arrête pas de courir. »

Arrivés dans un camping. Avant d'avoir eu le temps d'étirer les jambes, on est devenus une attraction. Sur le gazon, des retraités allemands nous ont coursés et traqués à tour de rôle et ce, jusqu'à la plage où on s'était réfugiés, en nous proposant systématiquement d'échanger des airs de piano contre des lapins et des œufs de Pâques en chocolat. C'est finalement en marchandant un *Früstuck*[1] dont ils ont le secret qu'on posera le piano devant les camping-cars le lendemain.

1. « Petit déjeuner » en allemand.

16 avril
À Aigion, sur la route de Corinthe, le soir

Rock'n'roll contre la montre

En lecture sur mon baladeur : « Jóga » de Björk

Plus de batteries
Pas l'ombre d'une prise secteur
Les solutions sont loin
Vulnérabilité
Il fait nuit
On s'est interdit de rouler de nuit
Ça fait pas rêver ce soir
Dormons dans une station-service
Ma première.

Notre voisin de circonstance :
Une niche portant l'inscription « Rex »
Dans laquelle veille un chien.
Καληνύχτα – [kalinýchta][1].

1. « Bonne nuit » en grec.

Dans l'attente. En station, couchés.

24 avril, à 13 h 30
Île de Salamine

La clé des champs ou l'échappée belle

À n'importe quel tournant,
Débarqués en plein dedans
Le guidon face au champ.

Y a de l'adrénaline, des herbes brûlées
Des pins, des oliviers.
Nerfs pour décharger le piano
On est excités
Nos gestes sont aléatoires

On l'imagine sous tous les angles
Quand on le traîne

Les axes et les points de vue valsent

Là, c'est bien
C'est fou
Une réponse sucrée au jasmin, tiens.

Arpèges en do et fa
Qui se raffermissent en accords plaqués
Plus populaires
Sur une mélodie mutine
C'est les débuts de quelque chose
L'évocation riante d'un bouzouki
Des curieux au loin n'osent pas venir

Va-t-il pleuvoir ?

À la faveur d'un coin de route

25 avril
Note du jour

Bilan existentiel de bout de table
dans le fond d'un cybercafé

J'ai INTERNET
J'ai une VISA
J'ai un PASSEPORT
Je suis FRANÇAIS
Autour de moi fusent les TRANSPORTS
Les frontières sont OUVERTES
Notre génération ne connaît que la PAIX
Je suis en 2011
La réalité de l'époque privilégie mon STATUT.

26 avril
Sur la route du Péloponnèse

Sur le vélo, carburant

Le secret primordial, c'est l'eau. Boire. Boire. Boire. Éliminer. Reboire. Manger une orange. Boire. Boire. Éliminer. Une seconde orange et un biscuit. Pis boire.
Ça peut durer très longtemps comme ça.

HORS-JOURNAL

Cogitation – État des lieux
Mois d'avril, entre Corinthe et Athènes
Ivresse de la lenteur

L'ivresse de la lenteur nous catapulte dans l'urgence de la vie. Dans ces longs dédales de temporalité ralentie, la subtilité du dehors s'effeuille par tous ses degrés et nous envahit. Il y a des segments où les paysages se ressemblent – du déjà-vu –, laissant place à d'autres que nous ne comprenons pas. Certains nous arrêtent net et nous incitent à y installer le piano comme dans un écrin et déclamer un état de vie, sur une musique particulière. Voilà tout notre acte. En tout cas, chaque tournant ravive une curiosité et une envie intactes de triper dedans. Parce qu'ils sont fous, ces paysages. Bien plus fous que nous. Leur enchaînement logique défie toute logique, ils se donnent à voir dans tous leurs états et nous projettent dans une Europe toute en patchwork, en clips, dans un morceau de puzzle géant.

[…] J'ai du mal à me dire que c'est une seule et même Europe, une seule et même époque, que je traverse au ralenti dans ma vingtaine. Une époque aussi fascinante qu'inquiétante, qui semble autant rechercher l'énergie de la jeunesse que l'écarter soigneusement des décisions et de l'action. Comme s'il s'agissait de réserver les décisions à une cour des grands. Va-t-elle nous laisser exister pour de bon ?

Connexion Salamine-Athènes

27 avril
En face d'Athènes
Transposition

Bifurcation sur l'île de Salamine pour éviter le plus longtemps possible la circulation sur voie rapide jusqu'à Athènes. Mais aujourd'hui la ville se rapproche nerveusement. Dans une station de lavage, le jet du Kärcher passe sur le caisson : plus de traces de sable, de branchettes, les derniers éléments du passage insulaire s'éparpillent au vent. Place nette au macadam, macadam, et macadam maintenant. Pas le choix, il faut plonger dans ces boulevards de moteurs et d'habitacles survoltés. *Looking desesperately for Acropole* depuis la banlieue. Je n'ose pas relever la tête sur ce qui klaxonne et frôle en continu, tout autour.

27 avril
Nikaia (banlieue d'Athènes)
Vingt minutes avant la capitale

En lecture sur mon baladeur : « Walkin' the Blues » de Willie Dixon

Pause, juste à côté du périph.
[…] À un feu rouge. Entourés de motos et de scooters, avons fait connaissance avec George.
« Et toi tu fais quoi ?
– Moi ? Je suis là pour vous guider là où vous voulez. »

Escortés en moins de vingt minutes, au pied de l'Acropole. George, c'est un ange.

Place Monastiráki, Athènes

29 avril
Athènes

Jungle City

Athènes c'est
Capitale
Dense
Immense

Les gens n'ont pas le temps
À certaines heures
Certains endroits
Et vice versa
Le temps a calibré les quotidiens et les espaces

Ici
En mégalopole
On est novices
C'est pas facile
Les rythmes sont discontinus
Les démarches lacunaires

La crise éclate, des banques brûlent
Les poubelles éventrées luisent
Au soleil

Munis de la naïveté de l'endroit
Celle qui rend fragile et neuf à la fois
On se faufile
Entre les coutures de l'architecture

Le temps ici est à l'inquiétude
Je ne joue que des pièces douces.

30 avril
Escale à Athènes
800 kilomètres de traversée au compteur
En lecture sur mon baladeur: «The Games You Play», de Wax Tailor

Un Grec sur deux habite à Athènes. Tentaculaire, l'hyper-centre. Il faut se charger d'une énergie plus tenace pour décharger la musique au sol et l'ancrer en zone urbaine: du quartier bohème des antiquaires, ruelles bondées de restos où résonnent des bouzoukis, à la place Syntagma. Beaucoup d'étrangers venus d'Afrique et d'Asie zigzaguent des terrasses de bars aux coins de rues, avec de grands sacs de toile de jute blancs sur le dos où des objets attendent de trouver preneurs à prix cassés. Ces étrangers arrivent en général en Turquie avant de rejoindre une île grecque à la nage, ou en pneumatique. Hier, un de ces hommes pensait toujours être sur une île, et pas encore débarqué sur le continent.

2 mai, à 16 h 40
Athènes, place Monastiráki

Espèces

Au piano. La monnaie s'amoncelle. Elle construit des tours, chute dans les fentes, se fraie un passage entre une bière et un sachet de bonbons. Des billets s'envolent, les gens les calent avec d'autres pièces. Ça pleut des euros, des pennies, des yens. Chris a fini par mettre un récipient derrière moi, pas loin du tabouret. À la sortie, le bocal déborde. Il part faire du change dans un kiosque à journaux, un peu plus loin en centre-ville. La réaction en face : « Ben, qu'est-ce que tu fais avec toute cette monnaie, t'as braqué une église ? »

2 mai
Ermou Street

Groovy cocasse

[…] Un pilote de ligne succède au piano à un jazzman russe. Un jeune Australien et un vieil accordéoniste s'en mêlent. Une grand-mère sortie avec son gendre dansent devant. Musique, *Maestro* ! À leur contact, l'instant se métamorphose. Les gens déclament, les gens réclament.

3 mai, 7 h 50
Athènes, devant l'hôtel
Couac

Les rues sont craignos, près de notre logement temporaire. Un hôtel de fortune. La porte arrière est fracturée. La bonne nouvelle, c'est qu'à part une ou deux soupes lyophilisées, quelques partitions, un diapason ou une clé carrée... y a rien à voler dans un piano-vélo.

Kapnikarea, église de Panaghia

3 mai
Acropole
Figures et accolades

Hier avons tiré sur les hauteurs, et joué pas loin du sommet de l'Acropole. C'était un lieu idéal, assez intimiste sous un arbre, à deux pas du sentier principal. Des chiens s'affaissaient avec flegme, certains proches de la table d'harmonie. Il y en a qui ululaient de temps en temps (le rapport des animaux avec l'instrument est assez fou). Les gens avaient fait le petit pas de côté. Un grand-père s'est assis au clavier pour jouer en duo à côté de sa petite fille.
Au matin, en posant le piano à Ermou Street, on s'est fait dégager violemment par un type qui vendait dans son échoppe autant d'images religieuses que de pièces d'or, à deux pas du quartier des antiquaires. On est restés cois, assis tous les deux sur le petit tabouret, les épaules basses, en essuyant une belle gamme d'insultes postmodernes. On lui gâchait le paysage, la vie, l'existence. J'ai regardé son négoce : les pièces d'or et les babioles religieuses vendues sur le même plan aux touristes, cela ajouté au degré de certitude de misère à notre égard, c'en était trop. Je lui ai volé dans les plumes, il en a eu le bec cloué.

4 mai
Athènes, Ermou Street

L'incident, scène de Noirs et de Blancs

Au piano : « Nocturne », op. 55, n° 1 de Chopin

Dans mon dos
Des passants
De grands Blacks autour
Avec sur l'épaule
Des baluchons blancs
À côté, pas loin
D'autres Blacks
Et leurs grandes toiles
étalées sur le sol
Déversement du matos
devant eux
Les notes roulent
Les notes coulent
Et dans le second mouvement
La police débarque à moto.

Jeu du chat et de la souris
Sur fond de drapés blancs
Pour peu que ça soit
réellement
Un jeu
Tout ça.

À la hâte
Les corolles de tissu
se referment
La trentaine de jambes
passe
À toute berzingue
Badauds et piano
Sont contournés de peu
Les motos blanches
Au gyrophare bleu
Font de même
Exactement

Seul le piano
Au milieu de la place
Continue de jouer dans
L'instant devenu épais
De silence partagé
Les badauds figés

Rouverture de corolles
Au coin de rue suivant
Les acheteurs butinent
Sous le reflet muet
Des vitrines de luxe
Dans le rétro des motos
À nouveau devenues
bleues.

14 heures, sur les hauteurs de la ville, l'Aréopage

Au piano, un pilote de ligne succède à un jazzman russe

5 mai
Athènes, rue Karaïskaki
En pleurs

Le vélo
Petit vélo
Cadenas fracassé
Dans la main
On a volé le petit vélo !
L'estomac dans les talons
J'espère le deviner
Dans les tas d'ordures
Je fouille
Pas loin

Ordure ! Ordure !
Mon vélo
Mon vélo
Qui ne valait rien
Que j'enfourchais au matin
Comment se battre pour demain ?
Putain !

5 mai
Athènes
Le vélo volé

Un épisode que Franz Kafka et Pierre Richard auraient pu rédiger ensemble...

Les rues de l'hôtel sont craignos. Chaque soir, portons le petit vélo dans notre chambre. Mais... (évidemment il y a un « mais... ») un soir de double intoxication alimentaire (chacun la sienne), on a sauté cette étape pour se coucher le corps malmené, laissant le vélo, bien cadenassé tout de même, en bas.

L'esquisse d'une bonne journée

Après une nuit en trous de gruyère, j'ai descendu les cinq étages de l'établissement dans un état pâteux. Au palier de la réception, la seule information stridente qui transperce les brumes de mon esprit barbouillé, c'est que l'incendie d'une banque dans le centre a fait trois morts. « Hum, une bonne journée », ai-je commencé. J'ai continué ma percée pour sortir dans la rue, et là je contemple avec une semi-nausée le résidu de cadenas qui gît au sol, en adieu forcé du petit vélo.
Là, oui, définitivement, j'ai compris dans un nouveau haut-le-cœur que cette journée allait briller d'une splendeur rare...

Deux jours à ruminer, cloués au lit, le vol du vélo en mangeant du riz blanc au citron que George, attentionné comme une mère, nous apporte pour qu'on picore du bout des lèvres, à

l'hôtel. Premiers instants de nostalgie-crescendo où je prends conscience pour la première fois de ce qu'il représente, ce vélo : plus qu'une monture, il incarne ces 800 kilomètres parcourus, jusqu'à me retrouver ICI. J'ai goûté en sa compagnie à un rapport au monde à peine descriptible. Car non, évidemment, une fois réalisé l'attachement que nous lui portons, surtout une fois le vélo disparu, pointe une certitude qui tire des larmes amères et des gémissements : non, je ne veux pas d'autre vélo. C'est LUI, un point c'est tout ! Ce serait pareil pour le piano, pour le triporteur. Aujourd'hui, je percute les repères, les fondamentaux : deux vélos et un piano, un ordi, quelques carnets, un appareil photo, une vie en plein air, c'est tout ce qu'on a avec Chris. Infini mais fragile. Ce qui m'atteint de plein fouet, c'est qu'on ait pillé cette simplicité ; volé un des repères qui me faisaient avancer. Je me sens précaire.
En contrepoint rigoureux à ces jours saturniens, la ville exhibe dans ses rues ses milliers de poubelles rances. Façon ostentatoire et universelle qu'a la population d'exhaler publiquement sa rage face à la crise sans précédent, à chaque coin de rue. Le soleil s'occupe à cuire gentiment tout cela. En courtes sorties faussement bucoliques, nous glanons des yeux l'espoir de voir émerger le petit vélo à la faveur d'un sac éventré. Je n'hésite pas à fouiller.

Le troisième jour, il faut bien se rendre à l'évidence : tout ne s'arrête pas là. L'estomac et les jambes ont déjà repris du galon. George, notre guide-lumière du vélo, se plie en quatre pour nous emmener dans des magasins spécialisés, où l'œil glisse, blasé, d'un vélo à l'autre sans arriver à déterminer un choix. L'intoxication n'étant pas très loin derrière moi, je déclare forfait pour le reste de la journée, et quitte le peloton afin de ramper bravement vers le café le plus proche. Rendez-vous fixé ensemble au café dans une heure. J'y resterai cinq heures, à ruminer des questions sans réponses allant de « Merde, mais qu'est-ce qu'ils foutent ? » à « Pourquoi ne sont-ils pas encore revenus ? »...

C'est que, durant tout ce laps de temps, le duo Chris-George s'est transformé sans le vouloir en expédition de choc dans les bas-fonds de la ville. À quelques rues de l'hôtel où a eu lieu le vol, le quartier vire en zone. Sans grand espoir, ils s'y offrent quand même un aller-retour. « C'est simple, si le vélo est là, on le repérera tout de suite parce que la marque n'existe pas en Grèce, il est le seul comme ça ici. » Pas le temps de finir sa phrase qu'au milieu d'une rue bien fade, solidement verrouillé par deux cadenas de compétition... le petit vélo s'offre à leur vue.

Arrêt sur le paysage, dans la peau de Chris :
« Dans cette rue, tu es le seul en short et en tongs, le seul donc à porter l'étiquette de ce qu'on appelle communément un "touriste". Des gens, un peu partout, sont amassés en petits groupes – en tout cas, ça n'inspire pas l'envie de hurler en danse indienne que tu viens de retrouver ici quelque chose qu'on t'a volé. »
La feinte, c'est donc de faire comme si de rien n'était avec son acolyte, bifurquer un peu plus loin sur un grand axe sans quitter des yeux l'engin, et joindre les autorités.

Lorsque tout part en cacahuète

En concentré, Chris et George appelleront trois fois la police, façon agents secrets. Ladite police arrivera trois fois sur les lieux, sirène hurlante. Au cours de leurs différents passages, les agents leur expliqueront chacun son tour qu'ils ne peuvent rien faire, que la seule solution c'est de revoler le vélo. Trois fois les patrouilles repartent du quartier en trombe. Paaaarfait! Parce que du coup, ça y est, le problème est complètement localisé dans la rue: il s'agit bien de ton short et de tes tongs plantées en offrande ingénue devant le vélo. Les groupes commencent à se réunir: ça circule, ça se resserre.
Deux Nigériens se jettent dans l'épisode en demandant quel est le problème. Aussitôt le ton monte de trois crans, ils s'énervent. Aïe, aïe, aïe, aïe… Sauf qu'ils se révoltent en fait contre le vol, et prennent l'incident et ta réalité sous leur aile: «Ah? Faut le voler? Faut le revoler? Ben ouais, y a plus que ça à faire, mec. Bon ben c'est simple, y a un magasin d'outillage à deux pas… Allez, à la pince!»

Cinq minutes plus tard, l'image est saisissante:
Chris et George à demi courbés sur la selle, attaquant l'acier des doubles barreaux au moyen d'une pince-monseigneur, encouragés par les Nigériens dans un flot de gens du quartier, réunis pour l'occasion.
Comment aurais-tu pu deviner, en te réveillant, que tu allais incarner aujourd'hui la figure de l'apprenti voleur en milieu confiné?…
Comment aurais-tu pu surtout prévoir à cet instant tangent bien précis la quatrième arrivée en fanfare d'une patrouille

de police qui, te voyant enfourché et affairé à la pince, brandit son gyrophare et t'encercle en hurlant : « *Hey ! What's going on there ?* »
Les Nigériens, quant à eux, en profitent pour s'éclipser du panier en mode crabes, et toi... toi n'en pouvant plus, humble don Quichotte moderne au bout du rouleau, tu lèves la tête et les bras au ciel pour leur hurler à t'en fendre la gorge : « *I'M STEALING MY OWN BIKE*[1] *!* » Et d'attaquer rageusement le deuxième cadenas en incitant George à faire de même, entouré par quatre policiers qu'il faudra ménager par la suite, lors des trois heures passées ensemble au poste, mais petit vélo au poing sans concession.

Épilogue

À repédaler dessus le soir même pour conduire le piano-vélo dans ses nouveaux quartiers à l'Institut français d'Athènes, on se dit qu'on a sûrement sous-estimé la valeur de ce qui nous faisait avancer tous les jours. Cet attelage, j'y tiens. Ce qui aurait dû être fait depuis le départ arrive sur ce bout de chemin : on leur donne des noms, qu'ils conserveront jusqu'à la fin.
Pour le piano-vélo, rien de tel qu'un bon vieux Janot, une valeur sûre, terrienne et solide.
Et lui, ce petit bolide, auquel est toujours accroché le tabouret avec des tendeurs à l'arrière sur son porte-bagages, après son enflammade grecque, c'est décidé, il s'appellera Zorba.

---

1. « JE SUIS EN TRAIN DE VOLER MON PROPRE VÉLO ! »

Musée de l'Agora antique, Athènes

7 mai
Dans les couloirs du musée de l'Agora antique
Soupir

J'ai imaginé un Pianotrip ici
Tout semblait limpide
Mais devant l'incapacité – administrative
Alone, *alors*
J'ai dansé.

10 mai
Liaison Athènes-île de Lemnos
Départ du port du Pirée

Demi-pause

Quittons Athènes avec des sacoches sous les yeux, les valises pleines d'idées : direction l'île de Lemnos. Réaction en face :

« Mais… Mais pourquoi là-bas ?? Y a rien !
– C'est bon, c'est nickel, c'est même parfait. »

Il y avait une île qui s'appelait Kassos, mais on n'a pas poussé jusque-là.

17 mai
Île de Lemnos

Nuances

Le charme grec. Bilan, mue de mentalité, et repos intrinsèque. Sardines grillées sur prélude et nocturne, dans une lande de pins. Découverte de l'eau thermale, reçus par le Boss, deux jours dans les locaux de la station en finition de travaux avant l'ouverture. Beethoven et les Beatles au répertoire, le piano résonne à longueur de journée et rythme le quotidien des travailleurs. Et une fois le soir venu, se délasser dans une baignoire immense, sous une coupole de vitrail, avec des robinets sculptés à têtes de lions. Magistral.

[...] Chris, qui découvre une plage déserte, se dirige sur une chaise comme mise à disposition pour lui par une indéchiffrable mise en scène. Au moment où il s'assied, une main tendue lui offre une canette de soda, un homme souriant à pleines dents lui dit « *welcome* ».

18 mai
Note de bas de carnet

Détonateur

Pianotrip, c'est une portion d'envie qui a parfois du mal à décoller ou à atterrir sur le sol, qui titube et balbutie dans ses essais sans cesse renouvelés, et qui, quand on s'y attend le moins, dépasse tout ce à quoi on s'attendait.

Des paysages, bien plus fous que nous
Plage d'Evgatis

19 mai
À Lychna (île de Lemnos)
Voltige et contemplation

À travers ses portails
Portillons
Portes cochères
L'Europe
Le temps d'une valse
M'a ouvert ses jardins éphémères

Les paysages
Postmodernes
Musicaux
Et humains,
Arpenter tout cela
Comme une carte aux trésors
À la matière infinie

Défier les lois de la gravité
Le rire aux lèvres
Et tirer jusqu'au jeu d'enfant
Sur le gris continent

Je suis en danseuse sur le monde.

20 mai
Kalliopi, à deux pas de la mer Égée
Modulations

Escale de quelques jours dans une forêt de pins, à faire sonner le piano en solo. Avons rencontré trois Bulgares de notre âge lors d'une session musicale. Venons de modifier l'itinéraire pour passer par la Bulgarie plutôt que par la Macédoine : rendez-vous fixé avec eux à Sofia, dans les murs de leur capitale à leur retour pour poser le piano dans ce décor.

21 mai
Note du jour
Vagabonde

Fraîcheur
À 12 kilomètres/heure
Je sens l'humeur du temps qui court
Me baigne dans le jour
Fragile
Dans ma coque de noix
À l'affût

Sur les rives du lac salé d'Aliki

22 mai
À Myrina (île de Lemnos)
Brève de comptoir

« Il nous coûte, notre soleil, vous nous le faites payer cher là-bas, mais ça ne nous empêchera pas de vivre, vous savez, ni de continuer d'avoir toujours des mets à nos tables, et une place de choix pour celui qu'on ne connaît pas encore. Il manquerait plus que vivre, ça soit interdit ! »

Retour au continent

L'Aliki Bar, à Kavala

25 mai
Liaison île de Lemnos-continent grec
Départ du port de Kavala

Reprise avec le continent. On sort du ferry.
Un scooter parvient à notre hauteur :
« Impossible que vous quittiez la ville sans jouer dans notre bar, l'Aliki Bar ! »
Les deux cousins possèdent un des lieux les plus branchés de Kavala. Trois jours sur place, carte blanche au piano dans le bar de Leftairis et Sōtérios. On repart avec l'idée de rejoindre Dráma au nord, dehors le soleil tape. La dernière vision avant de reprendre la route : une bouteille de vin blanc que Sōtérios glisse sous les tendeurs de Zorba, près du tabouret, des sourires, et des glaçons dans les gourdes.

Sous la cerisaie

31 mai
Campagne de Dráma
Cherry Country

Avons dormi dans un champ de cerisiers en bord de route.
Campagne.
Pas de barrière
Pas de panneaux
Mélodies country, au piano
Le lendemain, du café
Deux brioches
Une barquette de cerises
Devant la porte de la tente
Et Jurgos, au bas de son tracteur
Propriétaire.

Pas surpris du piano sous les cerisiers
Il pointe du doigt sa poitrine
Le tissu
La poche de sa chemise
Il achète ses chemises toujours
Avec une poche sur la poitrine
Pour écouter la musique
De sa petite radio rouge
Côté cœur
Quand il part au travail.

4 juin

Crochet en bus par Thessalonique

Correspondance

En lecture sur mon baladeur : « Littles Boxes », de Regina Spector

À l'Université de Thessalonique on récupère le nouvel arrivage : un prototype de panneau solaire envoyé depuis Barcelone par notre partenaire. Des modules ultralégers à placer sur le toit du piano-vélo pour capter l'énergie solaire en cours de pédalage. D'une surface de 2 mètres carrés, ils sont conçus pour être utilisés dans le secteur automobile, dans un futur proche.
Au troisième jour de notre périple, le premier prototype avec lequel nous étions partis s'était arraché du toit, conséquence d'une violente prise au vent dans le tunnel du Fréjus, due à un chargement aléatoire – mais obligatoire – pour franchir le tunnel. Le défi solaire avait disparu là-bas (envolé, au sens littéral), nous laissant une belle boule à l'estomac pour nous lancer dans la suite de la traversée, et surtout totalement dépendants de l'électricité et de la charge sur secteur électrique pour avancer. Jusqu'à maintenant (quatre mois environ !), on a circulé quasiment d'un village à un autre, asservis à un problème de contrôleur électronique qui peut couper les batteries à n'importe quel moment et nous tient en haleine tous les 8 à 15 kilomètres sans qu'aucun scientifique ou expert du triporteur puisse nous répondre. Alors, oui, c'est à hurler de joie, d'ouvrir ce grand carton dans cette université, un jour de printemps. On ne s'en prive d'ailleurs pas.

Ce soir, dortoir organisé chez des Erasmus franco-espagnols, *via* le site Couchsurfing.

5 juin, 23 heures
Sous un lampadaire, de retour vers les champs

Fusion

Retour au champ de cerisiers de Jurgos, le lendemain.

Le sentier est lacéré de boue. Il a grêlé, oragé toute la nuit. Les sols sont détrempés. Tant pis, ça n'entame pas la surexcitation : on nettoie le Janot avec du produit vaisselle et, fiers comme des papes, on fixe le nouveau panneau sur le toit, sous l'unique lampadaire qui grésille fort, au bord du chemin de terre. Avides de défi solaire et d'espoir sur l'autonomie des batteries pour les Balkans, qui s'annoncent à une cinquantaine de kilomètres avec un dénivelé de plus en plus vertigineux. Ce soir, rien ne m'arrête. Ce panneau, avec ses modules bleu pétrole, c'est une nouvelle porte magique qui s'ouvre sur la route, dès demain ; oui, dès demain, on composera avec cette nouvelle clé : le soleil devient notre principal partenaire de l'avancée !

6 juin
Fragments de carnets
La relativité de la distance: reality is composite

À l'arrêt, on retrace souvent le trajet pour les curieux: « Sommes partis de France, avons traversé l'Italie jusqu'à Venise, puis pris un bateau pour arriver en Grèce à Patras, etc. »
Souvent ils acquiescent, se déplacent autour de l'embarcation en se grattant le menton pour mieux examiner à l'œil nu les détails de tout ce qu'on leur dit, et la mécanique de tout cela.

Mais au fur et à mesure que la courbe du voyage se rapproche de l'endroit où ils vivent, avec des noms de localités de plus en plus familiers, les yeux s'arrondissent comme des billes, on nous coupe alors sans hésiter pour s'écrier: « Naaaaaan ! Attends, mais… Mais t'es venu de Kavala jusqu'à Dráma avec ce truc ?! Mais t'es fou, c'est hyper loin !! »

*

Avis de bord de route:
« Après la montée, là, il vous reste cinq minutes en vélo pour arriver au village.
– Et en voiture ?
– Cinq minutes. »

*

Avis d'un papy sur un banc :
« Vous allez où, les jeunes ?
– À Dráma, deux kilomètres.
– Deux kilomètres ! À vélo ! Impensable ! Bien trop loin, deux kilomètres… »

Au début du XXIe siècle, la réalité est composite. Au milieu des avis et des sensibilités géographiques de chacun, on se dit qu'une carte routière comme base d'entente cordiale, c'est pas si mal.

Montagne Falakró, phase d'approche

HORS-JOURNAL

Cogitation – État des lieux
Mois de juin, dans la région de Macédoine
(nord de la Grèce)

Grand angle

Le monde,
ceux qui le peignent en noir
ceux qui le peignent en blanc
ceux qui le peignent en gris
ceux qui le peignent en rose
ceux qui peignent.

Au risque de paraître irrévérencieux, mieux vaut être bardé de pinceaux.

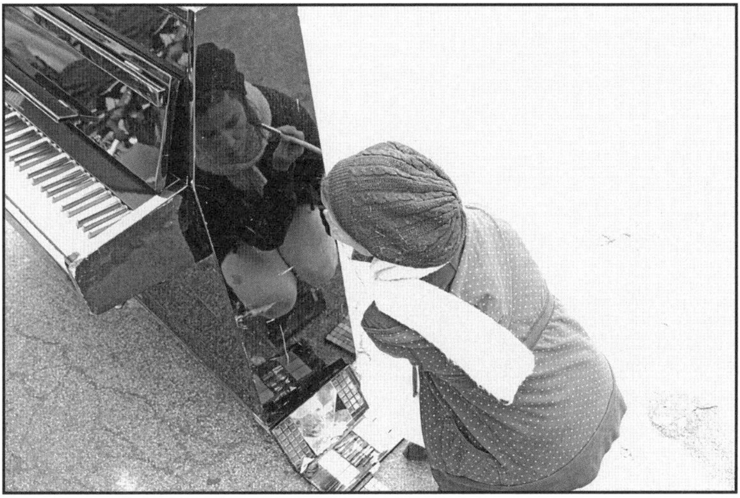

Morceau du quotidien

7 juin
Après Dráma
En taillant la route vers la Bulgarie
Le mystère de l'œuf, ou un exemple de l'hospitalité grecque

Sur la route qui rallie Kavala à Dráma, en pleine cambrousse. Les pédaliers moulinent gentiment en direction des montagnes qui annoncent la Bulgarie. Sur la droite, une ferme, et une pancarte artisanale en bois fixée contre un pylône électrique avec un dessin approximatif :

« Poule + 3 œufs »

En zone rurale, les producteurs locaux abondent sur la route. La question des repas se règle au jour le jour, selon ce qui est annoncé sur les panneaux devant les fermes et les pépinières. Il y a toujours un endroit où ravitailler le petit panier du guidon et sa gourde, sans qu'il y ait besoin de prévoir. Et au gré des saisons et des horizons, les repas sont plutôt équilibrés et frais... Paaaarfait pour ce soir, donc, la pancarte.

Toc, toc, toc.

« Bonjour, je voudrais quatre œufs, s'il vous plaît. »
La conversation se déroule en langue grecque, que je pratique de plus en plus.
L'homme, derrière la porte : « Café ! »
Regards perplexes.
« Non, on veut quatre œufs, nous. »

Dimitris, sec et droit dans ses bottes, indique fermement table et chaise : « Oui, mais CAFÉ d'abord ! »
OK… Alors on s'assoit dans la véranda, comme deux tendres écoliers. Là, il file derrière en cuisine, pour revenir aussitôt avec un œuf dans chaque main. Et d'un geste magistral, tel le charpentier enfonçant un clou au marteau, il plante devant chacun de nous un œuf sur la table – debout, l'œuf ! –, juste un peu fissuré sur la base. Fracas de la coquille en crash libre sur la table, suivi d'un mouvement au ralenti de nos deux têtes cherchant à comprendre. Puis la voix de Dimitris : « Et maintenant, ON MANGE ! »

Nous, on a la réaction d'une poule qui a trouvé un couteau. Long blanc avec appréhension montante dans le fond de la gorge et conciliabule en français : « … Euh… C'est quoi le topo ? Faut gober ? Mais j'ai pas faim, moi, c'est 5 heures de l'aprèm… Comment on fait maintenant ? »

D'une voix chevrotante, on lui demande de nous montrer comment ça se mange (on n'a encore jamais gobé d'œufs crus).

Deux cafés accompagnent vite les œufs sur la table. Les deux grandes paluches s'emparent de l'un des deux pour l'écaler (oh merde… c'est un œuf dur !) : « COMME ÇA ! » Pas le temps de se marrer et quelques bouchées plus tard… *Tac ! Tac !*
Il nous assène deux nouveaux œufs sur le coin de la table : « ET VOILÀ, ÇA FAIT QUATRE ! ON MANGE MAINTENANT ! »

En avance rapide, on s'exécutera, sous le regard paternel de Dimitris, avalant quatre œufs, mais aussi une assiette de

concombre, fromage, tomates, encore du café, une miche de pain… sans oublier dans les verres la bonne vieille rakia maison, dont personne ne semble se passer en Europe centrale. « Allez, un verre pour chaque jambe, pour l'instant j'en vois qu'une ! », qu'il disait… Re-départ zigzagant sur les routes avec le Janot rechargé en électricité… plus quatorze œufs frais soigneusement empaquetés « pour qu'on sente le goût de l'accueil en Grèce, et aussi pour que ça nous tienne les jambes jusqu'en Bulgarie, parce que, là-haut, ça grimpe sec ! ». Impossible de placer le mot « argent » sans se faire engueuler.
Avant de partir, il nous explique que ça l'a tellement fait rire d'ouvrir la porte à une jeune étrangère qui lui demande en grec quatre œufs, qu'il a pris un malin plaisir à la prendre au mot… Merci, Dimitris – ευχαριστώ πολύ[1].

8 juin
Pensée de guidon

Boîte à rythmes et anomalie

Le décor qu'on a peut-être croisé le plus dans le voyage : des stations d'essence.

Qu'en sera-t-il dans cinquante ans ? Et qu'en dira-t-on ? En tout cas, c'est jouissif de s'y arrêter en piano-vélo, et de recharger les batteries gratuitement, sur le secteur.
Un demi-pas dans le futur.

1. « Merci beaucoup » en grec.

Recharge, sous le soleil de 13 heures

8 juin
Kato Nevrokopi
Folklore Folks

Selon un proverbe turc, « Balkan » signifie : « L'oiseau est dans la cage. »
Demain, on y rentre.

9 juin
Exochi, dernier village-étape avant le passage en Bulgarie

Interlude

Présidence de Georges
Papandréou. 5 mai 2010, Athènes,
3 banques brûlent dans l'hypercentre.
Place Syntagma, la population
se soulève. État en faillite & œil
du cyclone dans la crise
européenne. Le FMI et le FESF
(UE) imposent un plan de
sauvetage économique
(110 milliards d'euros) qui
sanctionne par des coupes budgétaires
sévères et une politique d'austérité
générale. Montée du
parti néonazi « Chryssi Avghi »
(Aube dorée).
Démission
du

président
le 9 novembre 2011.

Bulgarie, jour 1, 15 kilomètres après la frontière

10 juin
Dans les Balkans
Déchiffrage

Europe de l'Est. Ère de voyage.
Les alphabets, les monnaies locales valsent : la prononciation grecque du mot pour dire « oui » est la même pour le « non » en bulgare et le hochement de tête pour marquer le « non » veut dire « oui » ; nos chaînes font le grand huit dans les montagnes entre charrettes, Skoda, rayons semés et vitres teintées. Le soleil tape, les portes n'arrêtent pas de s'ouvrir, les soirées sous tente sont devenues rarissimes.

11 juin
Près de Bansko, Bulgarie

Le casse-pattes

En lecture sur mon baladeur : « Prélude », op. 3, n° 2, de Rachmaninov

Les montagnes qui se présentent sont gigantesques, leurs forêts immenses. On n'imagine rien derrière la chaîne des Rhodopes tellement elles nous paraissaient grandes. 4 kilomètres/heure de vitesse moyenne sur 100 kilomètres : on bénit le moteur électrique du vélo qui fournit toute sa puissance grâce aux panneaux solaires, maudit le contrôleur de batteries qui continue de jouer avec nos nerfs, saute sur toutes les prises de courant électrique qu'on cherche un peu partout, visualise constamment dans la tête le but : sommet à atteindre, le col de Jondola, à 1 300 mètres d'altitude.

HORS-JOURNAL

Cogitation – État des lieux
Mois de juin, dans la région de Yuzhen tsentralen

Frontières

Passer dans un nouveau pays, c'est tout un système à décoder à l'air libre, entre le ressenti et les réalités du coin. On maintient les sens grands ouverts sur tous les plans pendant une bonne quinzaine de jours pour se réorganiser et évoluer sur le terrain : langue nouvelle, nourriture, rapports humains, campements, itinéraires, ambiance générale et humeurs locales. Entre la première et la troisième semaine, on s'est acclimatés à ce qui est dans l'air. Jusqu'à la prochaine frontière.

Home

La tente, c'est la seule chose qui ne bouge pas. On se retrouve « à la maison » : une habitation où on peut garder un semblant d'habitudes. Par tout temps et tout paysage, les chaussures sont toujours calées à gauche des duvets, les valises à droite.

Route 19, en direction du nord, Filipovo

13 juin
À Banya, Bulgarie
Chez Uncle Marine, malade

L'ouverture d'Uncle Marine

Une auto rouge s'arrête en warning sur le bas-côté, devant nous. Une conversation enjouée de bordure de route s'entame, ponctuée souvent par le conducteur qui aime à rire et s'exclame à tout bout de champ : « Il faut vraiment que je vous montre ma maison, suivez-moi ! » On l'appelle Uncle Marine, c'est un peu le parrain de tout le monde, dans le coin. Je suis malade. Il invite d'autorité le médecin à venir dans son domaine, que nous avons finalement rejoint. Son diagnostic : un affaiblissement général, et une pharyngite aiguë. Trois nuits que je tousse de plus en plus en position couchée, avec un sommeil brusqué par des quintes violentes. Forcée à l'arrêt, au repos, pendant au moins cinq jours. « Ça tombe bien, parce que je vous ai réservé ma plus belle chambre ! » lance Uncle Marine, en posant nos sacs sur les lits, rayonnant. En plus des médicaments, il me dorlote avec de la verveine, de la camomille, toute une panoplie d'herbes en infusion qu'il part cueillir dans la montagne au lever du jour. Chaque soir, la tablée est franche, festive, avec des nouveaux arrivants qui semblent affluer de tout le pays. Uncle Marine convoque alors des airs russes et des pays de l'Est. Sa grosse voix enveloppe des mélodies que ses mains tressent à la guitare sèche. Le piano atterrit dans le jardin tous les jours. Les spectacles et les danses s'enchaînent : en ribambelles et en files indiennes. À deux pas de son paradis de brique et de bois qu'il a construit de ses mains, il y a une source thermale, qui laisse suinter sous la fumée une eau

chargée de soufre. Les gens de la ville viennent se ressourcer, au vert, chez lui. Car Uncle Marine, il est connu jusqu'à Sofia. Un jour, dans le garage, une concertation franco-bulgare s'organise autour du Janot. Chris, Kamel et Uncle Marine sont à la manœuvre. Le piano-vélo entame une phase évolutive notoire : une ouverture latérale est en train de se construire sur le côté droit du caisson. Offrant un accès rapide à l'instrument, elle fonctionne comme une fenêtre sur l'extérieur. La fenêtre latérale sur le caisson, c'est comme si Uncle Marine avait transposé sur le Janot son ouverture sur le monde. Dorénavant, on peut jouer partout, en moins d'une minute. (Avant, il fallait à chaque fois tout décharger, avant de pouvoir poser le piano au sol.)
On repart de chez lui requinqués, avec surtout ceci de précieux, si cher à notre hôte : son ouverture sur le monde.

Devant chez Uncle Marine, Banya

18 juin
Vers Boukovo
Au milieu des camions, route trouée tape-cul
En lecture sur mon baladeur : « Glory Box », de Portishead

Aujourd'hui, oh !
J'ai haï
Le bitume
Ployé sous la chaîne
Mangé des boîtes
J'ai ramassé mon panier
Cabossé
À chaque trou
Le moral en crevasse
Poing tendu.
Malmenés mes cahiers
Ma gourde
Les oranges
Et mon chapeau
Oh !

19 juin
Ascension du col de Jondola (reprise)
Rituel

À chaque côte, gonfler les pneus à bloc pour s'assurer d'être le moins freinés possible dans l'ascension. Avant les descentes, dégonfler la gomme au maximum. Les freins à disques – pourtant de moto – grésillent et chauffent quand ils sont refroidis avec une bouteille d'eau. Orages d'été naissants, dénivelés à se rétamer par terre, écarts de température… Pour des raisons techniques, on ne peut faire autrement que progresser en collés-serrés, à une vitesse ralentie au point de non-retour. La seule maison à la ronde nous sauve souvent la mise.

[…] Les vendeurs locaux pomaks nous ont pris en affection. L'ascension s'est passée au corps à cœur avec eux, à coups de yaourts bulgares, cuillerées de miel, portions de fruits rouges contre piano-surprises sur le bas-côté de la route.

[…] Trempés jusqu'à l'os, dans la salle de contrôle de la plus haute gare ferroviaire du pays, 1 100 mètres d'altitude, selon le chef de gare. Jondola pas loin, l'orage mugit dehors. Envie de chialer. Les tendons et les habits qui crient. […] La gare : pas encore mis le pied à terre qu'elle nous ouvre pêle-mêle portes, four à bois, cafés, électricité, poignées de main et cœurs des mécanos qui nous laissent leur vestiaire pour le soir. Le chef de gare veille de toute sa personne sur la nuit, les trains et nous. лека нощ (*Leka Nocht*)[1].

1. « Bonne nuit » en bulgare.

20 juin
À Pashovi

Nocturnes

On a bivouaqué dans les plis de l'Europe
Ses p'tits papiers
Ses pamphlets
Papiers usés
Carrés de soie,
Son bitume explosif
À la devinette aveugle
Du « où dormira-t-on ce soir ? »
Tous les coups sont permis.

[…] Au jour le jour
Il s'agit de porter une attention de tous les recoins
Pour amarrer son sommeil au sol
Et se coucher enfin dans le noir, l'oreille collée
Entre le Quelque part et l'Ailleurs.

22 juin
Col de Jondola (final)
Alegría

Le jour où le col de Jondola a été franchi, ce jour-là, un cri profond, viscéral, éclatant a jailli à profusion de ma poitrine, en haut du sommet. Prenant sa source dans le magma de la sueur, d'actions millimétrées à la Sisyphe, de tentatives répétées, entassées dans un milieu, un quotidien peu favorables à son évolution, ce cri, il est resté gravé, accroché là-haut, puissant. Il a vibré longtemps, longtemps, amorçant la descente vertigineuse, balayant la fièvre de l'épreuve jusqu'à l'excitation radieuse, jusqu'à la mélodie libérée et joyeuse.

Amorçant la descente en direction de Sofia, en face, sur la voie de gauche, la vision de la civilisation retrouvée est saisissante : un embouteillage gigantesque. Suite à un accident sur l'autoroute et au départ massif de la capitale en ce début d'été, un amas de tôles, moteurs coupés, cuit au soleil. Repliés sur leurs volants, les conducteurs sont aux aguets, mais à l'arrêt. En sens inverse de notre côté, le mouvement nous traverse, l'émotion nous transperce : on est les seuls dans notre couloir de goudron à avancer ; les seuls en mouvement sur des kilomètres à la ronde en face de cette interminable queue de carlingue comptant des cars, des autos, des motos figés, entassés dans le même couloir de route. Deux bicyclettes, drapeaux au vent, qui dégringolent hirsutes, venus d'un ailleurs proche de la bande dessinée. Moment d'allégresse cocasse. Cet instant rare où ton vélo électrique et solaire et ton biclou sont les seuls à se mouvoir, où ils avancent, la vue dégagée, en sens inverse du mouvement général bloqué par sa propre masse et en train de t'acclamer. Car je ne me souviens plus d'où est parti le premier cri, le premier geste de main, le premier clin d'œil, la première interpellation. Mais le fait est qu'il n'a pas fallu longtemps pour semer une smala incroyable sur notre chemin, des deux côtés de la route, ni pour que les klaxons, les cris et les olas s'enchaînent comme une traînée de poudre, laissant un feu d'artifice sonore à notre passage.

Bref, les kilomètres qui nous séparaient de Sofia, on les a dévalés, engloutis, en pente sèche, ivres de joie, à hurler des bribes de chants incohérents à consonance bulgare, à refourguer des saluts grandiloquents à toute blinde, avec la gouaille d'une petite reine.

Le soir, dans la chambre sous les toits que Bojil nous prête à Sofia, je ne peux m'empêcher de considérer avec un sourire béat que tout ce qui fait la contrainte du vélo s'est inversé aujourd'hui avec force. On a les épaules et le dos rougis par le soleil, et les joues rosies par le bonheur : la pulsion de vie avait tout son sens sur ces pentes… Folie des jours heureux.

23 juin
Sofia, sur le boulevard Tsar-Osvoboditel
Devant le monument à l'Armée rouge
Arrivée à Sofia (rétrospective)

Dans le centre, un rayon casse tous les quatre pavés.

Ce moment si particulier des escales dans les capitales, celui où on descend de la selle : on pose enfin le pied par terre, et regarde la ville pour la première fois. À l'arrière d'un taxi à l'arrêt, une tête connue apparaît, c'est celle de Boris – Boris ! –, qu'on avait rencontré sur l'île de Lemnos ; une des personnes à qui on avait promis de traverser le pays, et qui font qu'on est là.
Il sort hirsute et court en criant vers nous. C'est fou.

Lover Bridge

25 juin
À Sofia, rue Dimitar-Hadzhikotsev
Garage privé de Pavel

Longueur d'onde

Curiosité rattrapée
Il voulait pas venir
L'homme aveugle
Accordeur de l'orchestre philharmonique de Sofia
Il l'imaginait malmené, maltraité
On a insisté
Il sort d'un taxi
avec sa canne blanche
Diagnostic :
En pleine forme
On n'y croyait pas
Lui non plus

27 juin
Pendant un orage de grêle
Sur le perron devant chez Boris

Listing sur le vif

Que trouve-t-on dans le sac d'une pianotripeuse ?

Petit nécessaire relevé sur le vif :

1 passeport
3 partitions pliées en quatre
1 liste de priorités urgentissimes « à faire quand on peut » (s'alourdit…)
1 chambre à air éclatée
1 orange
3 livres : *L'Imaginaire* de Jean-Jacques Wunenburger, *L'Instant présent* de C. G Jung, et un tome relié des romans de Jack London
1 crème après-soleil
1 spray antimoustique
1 trousse de maquillage-coiffure éclair
2 carnets de route en cours
1 schéma de mise en scène Pianotrip griffonné par Chris
1 déo
Des stylos en pagaille
1 paire de lunettes de vue + 1 paire de lunettes de soleil

1 réveil-alarme chinois
1 vieux plan de la ville de Venise
1 boîte de pansements ampoules + Bétadine
1 copie du contrat d'assurance
1 boîte de Voltarène
1 disque dur dans une enveloppe à bulles
1 rouleau de PQ

… Après plusieurs mois sur les routes, ça n'est plus un sac à main, mais un sac à dos.

14 juillet
À Varshets

Planète football

Qu'on soit fan, passif ou allergique, pas un village, une bourgade, une ville qui ne vive au rythme de la Coupe du monde de football. Son impact fédère. À l'évoquer pour un rien : les gens se tutoient plus facilement entre inconnus, on se charrie entre nationalités, au travail, au bar au coude à coude, comme une grande famille plongée dans le même bain. Les publicités de paquets de chips, le visage imprimé de Messi, les promotions de bière, et le *jingle* de Shakira emplissent le quotidien dans un grand ramdam tapageur.

Le jour où l'Espagne a gagné la finale et a été proclamée grand vainqueur de la Coupe du monde, nous étions coincés entre le haut et le bas d'un col bulgare depuis quarante-huit heures, accrochés à la montée, où les panneaux solaires étaient tombés en panne (pour cause de trop de soleil), puis à la descente en pente sèche sans freins avec trois roues crevées, plus de chambre à air de rechange, aucune idée du village le plus proche, et une solution rocambolesque pour nous extirper de là.

Dans le village thermal de Varshets, on arrive déguenillés, les cheveux en pétard ; le café du coin nous apparaît tel un havre. On se détend comme dans un bain, et les discussions aux alentours portant assez vite sur le foot, on découvre le résultat final, dans la foulée. En face, au comptoir, des yeux ronds qui ne cillent pas nous regardent, le silence s'épaissit, on se rapetisse en fond de chaise dans nos chaussettes pas propres. À J+3, on nous fait comprendre qu'on semble être à ce moment précis les deux derniers humains à ne pas connaître l'identité du pays vainqueur et l'issue du match final.

HORS-JOURNAL

Cogitation – État d'esprit
Mois de juillet, sur la route du Danube
Climax

Ouvrir à chaque fois le clavier comme on ouvre en grand les fenêtres. Ramasser des airs de musique comme on ramasse des coquillages par pelletées, sur un bord de plage. Faire le grand huit entre un boogie, un nocturne, et des impros pop rock : je crève d'envie d'approcher en musique la logique de mouvement, de voyage dans le voyage et de trip instinctif sur l'instrument. Ne pas enfermer la musique dans un style, un genre, tout en construisant cette ouverture. Le piano sur les routes, je le vois comme une mise en abyme de la grande comédie de l'existence. L'existence, c'est large, c'est paradoxal : tout sauf plat. Aujourd'hui, elle est musicale, la comédie. Tant pis pour l'impertinence et les ratures, le transpirer par tous ses pores, ce piano, le poser dans le décor, jouer à bâtons rompus à l'aide d'objets, de costumes, de paysages amassés sur les routes en patchwork et enjamber des mondes, réinventer des passerelles ensemble. Je retrouve l'exultation de l'enfance, en balade fantaisie sur une scène perpétuelle qui révèle ses feux à n'importe quel tournant et brûle les miens. Pianotrip, c'est un jeu qui ne manque par d'aires, une scène où je est un autre à chaque tournant. La pompe est amorcée, la route est longue pour atteindre l'harmonie, mais c'est ça qui est bon.

Come as you are, *à Topolovets*

17 juillet, 21 h 10
Village de Brusartsi

Distorsion

Nuit tombante à l'entrée du village. Les roues du triporteur sont voilées, elles couinent en faisant des courbes tordues. Un portail sur la gauche s'écroule avec fracas, coupé en deux par une disqueuse. « Alors ??? Vous entrez ou pas ?! »

18 juillet
Aux abords d'Archar

Le Danube, Brass-Band

Le jour où on a rejoint le Danube, j'ai pleuré, crié, j'ai ri, et joué jusqu'à la tombée de la nuit. Et puis j'ai vite remballé ces grandiloquences, parce que des bataillons surentraînés de moustiques se sont levés au moment où le soleil se couchait, et qu'ils nous ont terrassés, assez minablement. Les montagnes sont loin derrière nous maintenant, dépassées. Arriver à joindre le Danube, c'est comme ouvrir une nouvelle porte, et redécouvrir en tâtonnant un terrain géographique derrière, qui est à nouveau tout chamboulé. Quatre pays à longer le fleuve, en apprenant à le tutoyer.

19 juillet, 8 h 20
Sur la route de Vidin, au piano

Demi-pause

Sur le bord de la route, j'attends Chris qui répare un rayon.

19 juillet, même route
Pensée de guidon

Lucidité

Énième surprise sur l'itinéraire : voilà finalement plus d'un mois qu'on se balade en Bulgarie avec un piano dans le dos ou sous les doigts, et ça décoiffe.

Il y a des photos qui arrivent comme ça : face au Danube

HORS-JOURNAL

Cogitation – État d'esprit
Mois de juillet, sur la route de Vidin
L'envie

L'envie. « L'envie d'avoir enviiie ! » dixit Johnny. L'envie d'exulter, l'envie de vibrer, de participer, de (se) donner, c'est la fureur de vivre le plus possible, et tant qu'à faire, de manière pacifique. L'envie de continuer avec ce qu'on a, ce qu'on croit et ce qu'on est. C'est oser. Et oser, c'est dépasser la peur, la transcender. Ensemble. Parce que seul, tu ne sers à rien. Alors je la laisse se manifester, mon envie. En banderole, en encart, en insert, en pointillé. De manière festive. Aujourd'hui, vouloir ça, ça sonne comme une utopie. Pourtant, il me semble que c'est le fondement, pour avancer. L'envie c'est la vie. Et brûler d'envie, c'est ne pas oublier qu'on est en vie.

Vers les hauteurs, sur la route de Vidin

21 juillet
Liaison Bulgarie-Roumanie
Départ du port de Vidin, par le ferry

Interlude

Gueorgui Parvanov, président de la Bulgarie. Janvier 2010, le rapporteur du Parlement européen réclame le retrait de madame Jeleva, la candidate bulgare à la Commission. 30 mars 2010, Bojidar Nanev, ministre de la Santé bulgare, démissionne, après avoir été inculpé de dilapidation de fonds publics pour l'achat de vaccins contre la grippe A. Août 2010, les critiques se multiplient en Roumanie et en Bulgarie contre la politique du gouvernement français à l'égard des Roms. La France compte expulser 700 Roms de son territoire. Septembre 2010, à Sofia, les Roms de Bulgarie manifestent devant l'ambassade de France. Décembre 2010, la France et l'Allemagne bloquent l'entrée de la Bulgarie et de la Roumanie dans l'espace Schengen. Mars 2011, plusieurs milliers de personnes défilent à Sofia contre le gouvernement.

21 juillet
Premiers pas en Roumanie
Gammes

En lecture sur mon baladeur «The Passenger», d'Iggy Pop

Le ferry relie la Bulgarie à la Roumanie par le Danube. Une sorte de barge, plutôt. Au passage j'en profite pour grappiller mes premiers mots de roumain : «bonjour», «merci», «s'il vous plaît», «à l'aide», «piano», «musique», «vélo électrique», «j'aurais besoin d'une prise de courant, est-ce que je peux recharger ici ?», «un petit peu», «au revoir», «j'aime», «je n'aime pas», la conjugaison des verbes «être» et «avoir». Les classiques pour faire les premiers pas, délier la langue. Surprise du côté latin : c'est un mix proche du français et de l'italien. Après deux mois d'alphabet grec et cyrillique, cette proximité dépayse et pousse à la volubilité.

21 juillet
À Calafat
Déchiffrage

Contraste avec la Bulgarie, et en particulier Vidin, sa dernière ville : les façades des maisons sont bigarrées, le violet fréquente l'orange ou le jaune poussin. La couleur vive n'effraie pas, ici. La population est extravertie, c'est l'été. La *dance* électro fait rage dans les petits bars et les cybercafés. Dans chaque village, il y a un puits. Des jardins, un lopin de terre à l'arrière des maisons. L'héritage du communisme ?

Chacun fait pousser ses légumes et élève ses poules. Un petit appoint à la supérette fait le reste. D'ailleurs, voilà un certain temps qu'on n'a pas croisé un supermarché. Je n'arrive plus à me rappeler le dernier qu'on ait vu, en fait.

Au détour d'un virage, au loin sur un grand carré de béton qui sert de rivage, des pêcheurs nous ont salués avec des gestes larges, un long moment. À contre-jour, leurs silhouettes en ombre chinoise restent longtemps à mon esprit. C'est paisible, leur geste face au Danube, ça change des coups de klaxon quotidiens, enjoués ou furax. Ça fait partie des instants où avancer à bord d'un piano-vélo est quelque chose de délicieux à vivre.

21 juillet, dix minutes plus tard
Sud de la Roumanie

Expressions

Je viens de comprendre comment on dit « homme » et « enfant » en roumain. Assez parlant :

hommes = *bărbați*
enfant = *copil*

Chez Paul

21 juillet
À Moreni (hameau)
Première nuit locale chez Paul

Figure

Au soleil couchant, mes jambes se sont mises à gonfler, tachées de plaques rouges.
Un retraité à vélo nous rattrape, et fait dévier nos roues jusque dans sa maison. Sa maison, c'est surtout son jardin. La bâtisse a deux pièces, le reste se passe dehors. Le piano sort près du puits, pour un aparté solo. Paul a des yeux brillants, des yeux d'enfant, il pleure en face de l'instrument. Puis s'installe à côté, sans nous dire qu'il cuisine notre repas du lendemain, qu'il prépare en petits baluchons en même temps que le repas du soir (un ragoût de viande). Il ne mange que très occasionnellement de la viande. Je passe

la soirée, jusqu'à une heure avancée, à discuter avec lui. Il ne parle pas français, moi pas roumain, mais il y a comme ça des moments où le rapport humain fait pousser des ailes à l'échange, et décloisonne tout.

22 juillet

Dans une station d'essence, en direction de Calafat

Valeurs pointées

« La Roumanie, c'est la petite sœur de la France ! » Dans combien de bouches ai-je entendu cette phrase ?
Ceaușescu et la période du communisme reviennent souvent dans les conversations. Prudemment, derrière les jardins potagers. Certains sont nostalgiques, d'autres marqués au fer rouge.

22 juillet

Pensée de guidon

Le monde bouge, nous y avons tous part… Il ne faudrait pas l'oublier.

23 juillet

À Vânju Mare

Figures et accolades

Un couple roumain de notre âge nous invite à passer la nuit chez leurs parents. Dans le village, on semble n'avoir

d'yeux que pour leur voiture. Ils viennent de Paris. Ils sont de passage, ici. Illégaux en France, ils bossent sans relâche sur des chantiers en espérant en finir avec ce non-statut. Marre de se cacher des contrôles, de se débattre avec l'image de précarité qu'on associe trop souvent à cette population en France. La double réalité, ils l'ont : de retour au bled, le grand écart est inverse, car de ces gens du grand Paris, on attend à chaque passage une nouvelle voiture, des cadeaux en guise de témoignage d'amitié, quand ce n'est pas une aide financière.
« La précarité, je connais, et je ne suis pas une voleuse. Je sais aussi ce qu'est l'accueil, ça m'est arrivé à Paris. Que la chance te saisisse, avec ta belle musique », dit Mirela, en fouillant dans ses placards et en empilant un tas de vêtements pour nous.
Je n'ai pas besoin de ces habits, pas envie d'une complaisance à l'endroit d'une misère que je ne ressens pas, mais je prends quand même tout.

23 juillet
Pensée de guidon

Le « petit peu »

À bord d'un piano-vélo, il y a des mots qui s'apprennent plus vite que d'autres.
« Un petit peu » s'acquiert rapidement, dans le style. Juste après la frontière généralement, souvent dès les premiers sourires, et juste avant le premier verre tendu.

24 juillet
Sur la route de Turnu Severin
En lecture sur mon baladeur : « Jeux d'amour », de Rodrigo Leão

En sens inverse, en haut d'une colline, un type à trottinette capote sur notre embarcation. Il agrippe lentement son appareil photo qui pendouille à son cou, avant de pousser des grands éclats de rire, en même temps que des coups de jambe musclés pour arriver au plus vite jusqu'à nous. De grandes sacoches – impossibles à soulever – sont accrochées de chaque côté de sa trottinette, il a un fort accent allemand : « J'ai… Ah, Ah ! J'aimerais être français… J'ai… j'ai croisé… tout à l'heure… Ah ! Ah ! Quatre Solex qui sont sur le retour d'un tour du monde, mais ça… ça ! Ça dépasse tout ! » Il ne s'en remettait pas de ce piano parti faire le tour de l'Europe, traîné sur un vélo par un gars et une fille. On lui a demandé où il se rendait avec son attirail, il nous a répondu : « Istanbul ! »
Il a fallu descendre des vélos, pour nous remettre de la crise de rire qui nous a pris tous les trois.
(Quand un piano-vélo rencontre une trottinette allemande en partance pour Istanbul…)

HORS-JOURNAL

Cogitation – État d'esprit
Mois d'août, dans la région du Banat
Vitesse et allure, de la bonne conduite

À vélo quand on roule, on voit le monde tourner à deux vitesses : véhicules clos contre véhicules ouverts. Escargots contre bolides. Loi du plus fort et du plus rapide qui prédomine de façon magistrale. On s'interroge sur la bonne conduite à adopter, sur le rapport au-dehors qu'on entretient dans l'époque. Parce que la différence est flagrante, à pied ou à vélo. Dans l'habitacle individuel d'une auto, à l'arrière, le corps est à l'abandon, passif. Avec flegme, la pupille balaie le paysage changeant derrière la vitre. Une charogne crevée sur le bas-côté, par exemple, n'a qu'une microseconde d'existence, pour peu qu'on veuille bien la voir. Au volant, on ne pense qu'à dépasser, se stabiliser, anticiper, moins à se retourner. On oublie volontiers que la bulle dans laquelle on se trouve n'en est qu'une de carlingue, parce que celle-ci, comme toutes ses semblables – du poids lourd à la mini sans permis –, a la même essence, quelque part. Et cette identité est devenue normative. Elle a pris le contrôle du bitume, qu'il est impossible actuellement de remettre en question : la puissance, le confort, et la vitesse assurent une autorité de fait, qui biaise l'immensité du réel. À vélo, le vent ou le soleil balaient le grain de l'épiderme. Plaisant ou non, on fait corps avec le paysage. Les quatre saisons défilent sur l'asphalte : entourés de papillons au printemps, à décrypter le tracé et les files indiennes de limaces, hérissons et crapauds sous la pluie. Les charognes sont nos plus fréquents compagnons de route. Rare de ne pas en croiser au moins une par jour. C'est un monde assez sommaire, et notre flotte de pacotille, qui ne ressemble à aucune de ces carlingues, doit ruser pour ne pas se faire écraser en le traversant.

Ainsi, notre coque de noix a autant pédalé dans les turpitudes de l'impatience exacerbée, les moteurs hurlants, klaxons, insultes et joie débridée derrière les vitres, que dans la douceur d'une piste dérobée, sous escorte, dans des champs en fleurs ; un clin d'œil complice au volant, avec d'autres véloteurs ou promeneurs qui nous rejoignent en farandole, des baisers sortis d'une vitre, une portière qui s'ouvre.
Notre embarcation paraissait immense dans des paysages miniatures, et irrésistiblement, dérisoirement microscopique dans ceux qui avaient des caractères de géants.

Réducteur, pourtant, de limiter la réflexion à la vitesse sans considérer l'allure. Parce que ce qu'on note quand on roule avec un véhicule propice à la lenteur, c'est la distinction entre camions, tracteurs, voitures, cyclomoteurs, side-cars, vélos, rollers, skates, piétons. Trains, avions, bateaux à l'horizon... Un palmarès d'allures différentes, étroitement entremêlées sur une même portion de terrain. Les dynamiques fusent, et dans chacune, il y a le quotient de l'unique, la singularité du comportement de son conducteur, et des passagers. Qu'on soit actif ou passif, on est tous passagers. Et on circule au gré de nos comportements entre temps pleins, temps morts, temps creux...

Et un camion peut autant s'arrêter en warning sur une nationale pour une chaude poignée de main qu'un vélo nous houspiller sur notre manque de kilométrage au compteur, comme hier : « Ben les gars ! Qu'est-ce que vous foutez ? Vous êtes trop lents ! C'est pas ça l'esprit du vélo ! Moi, en une semaine, j'ai déjà mille kilomètres au compteur ! »

24 juillet
Note de bas de carnet
Retard

Avons pris du retard, énormément. L'été est bien entamé, on est beaucoup trop au sud. L'automne, ses nuages et ses vents froids vont nous cueillir si on continue à ce rythme.

25 juillet
À l'entrée d'Orşova
Perspective
En lecture sur mon baladeur «Nuit d'ivresse», des Rita Mitsouko

Piano-vélo recherche bateau-stop en direction de Budapest ! Pédaler le long du Danube et de ses grands bateaux a fini par nous faire rêver de remonter jusqu'à Budapest par le fleuve. L'image du piano sur le pont, à fendre les flots, m'emporte. Avec Chris, on pousse les portes des ports sur l'itinéraire, au culot. Après le port de Turnu Severin et le port de Fieri, débarquement dans le port d'Orşova. À le voir de loin, avec ses grues, ses machineries orange et jaunes et ses marchandises de sacs géants amassés, on dirait un paysage de *Star Wars* mécanique. De ceux qui t'étreignent à bras-le-corps. On ne se le dit pas, mais ça nous talonne de pianotriper dedans. C'est un paysage fou, irréel, contemporain pourtant, une scénographie à lui tout seul.

25 juillet
Sur les hauteurs d'Orşova
Monastère Sainte-Anne

Résonance

Avons dormi dans un monastère à Orşova, à flanc de montagne. Avons trouvé dans un seul et même dortoir draps blancs propres, abri contre pluie battante, et les quatre Solex français évoqués quelques jours plus tôt ! Quand on leur a demandé comment ils étaient arrivés là-haut : « Ben y a deux jours, on a rencontré un Berlinois à trottinette, qui nous a dit que… » Réunion au sommet, la boucle est bouclée, et la nuit quasi blanche.

Projet à vélo Solex

27 juillet
Port industriel d'Orşova

Figures et accolades

La capitainerie du port est sympathique et hautement enthousiaste quant à notre projet de bateau-stop. On se rend tous les jours dans les bureaux pour glaner les news et les nouveaux arrivants, dans un patois mixte de roumain-anglais-français. Ovin, le garde-frontière, a proposé dès le premier contact d'héberger le Janot dans l'enceinte de la garde portuaire, pour un temps indéfini.

Luminita est la chargée des affaires portuaires. Elle fait tout pour nous aider.
[…] Il y a peu de bateaux à quai. Un bulgare, deux néerlandais, le *Shelby* et le *Destiny*. Depuis hier, le *Shelby* attend de savoir si son client lui fera prendre la direction de Bucarest ou de l'Autriche par Budapest, auquel cas, bingo !, nous deviendrons mousses d'équipage chez eux. Un bateau moldave vient de mouiller, on va se renseigner dès que la pluie aura cessé.

DR.TR. SEVERIN
R
TK 1441
DR.TR. SEVERIN
R

29 juillet
Orşova, boulevard du 1er-décembre-1918
Passeurs de villes

Logés une semaine chez « Mademoiselle » rencontrée au piano, dans un jardin public avant-hier.
Mademoiselle a notre âge. Elle a beaucoup vécu et travaillé en Allemagne, a un enfant de cinq ans, et est retournée vivre dans sa ville natale. Elle habite chez ses parents. Son père nous réveille en récitant de mémoire des vers de Victor Hugo dans le salon, tous les matins.

31 juillet, à 16 h 15
Orşova
Pianotrip au port industriel

Une semaine que nous oscillons entre bateaux, port, équipages, et chez Mademoiselle. Rêvons qu'un navire nous prenne à bord en bateau-stop ; en attendant, je joue quelques airs de piano dans les jardins publics de la ville. Le trip d'un piano en Europe a circulé dans les bureaux administratifs. La direction tout à l'heure a validé l'idée d'investir l'enceinte portuaire pour une session-concert d'une heure. Sans attendre, surexcités, on s'est engouffrés sur son bitume avec nos montures. Un tango puis « The Little Negro » de Debussy ont jailli, sur toile de réalité métallique, le reste s'improvise et tire vers un rock plus brut, avec une intensité crescendo dans les basses. Les travailleurs ont eu droit à un temps de pause ; petit à petit, certains enlèvent leur chapeau et s'accoudent sur les sacs géants, tout juste déchargés. Les capitaines du *Shelby* sont là aussi. Après, je ne distingue plus rien, et je m'abandonne totalement au piano. Du rock en sort.

Rock'n'port, Orşova

Au port industriel
Paysage transitoire
Les notes se sont envolées au vent
Alors que les grues géantes
Continuaient de tracer
Un ballet mécanique aérien
Tout autour
Au ralenti.

31 juillet
À bord du *Shelby*, bateau néerlandais
Info terre à terre

Le *Shelby* repart finalement pour une nouvelle commande en direction de la mer Noire, sens inverse de Budapest. L'éventualité d'un équipage partagé jusqu'à Budapest tombe à l'eau. Ce soir on est invités à bord, pour un plantureux repas avec les capitaines.
« *Anyway we keep crossing Danube from Netherlands to the Black Sea… So keep on mind you can join us on board anytime if we meet on the way.* »
Tripante, l'invitation ouverte. Se quitter en sachant qu'un bateau peut te prendre à bord à n'importe quel tournant de ton chemin, pendant la traversée de trois pays…

1er août
Note du jour

Quittons la ville demain, par voie de macadam. Mademoiselle, j'ai un mal fou à la quitter.

À bord du Shelby

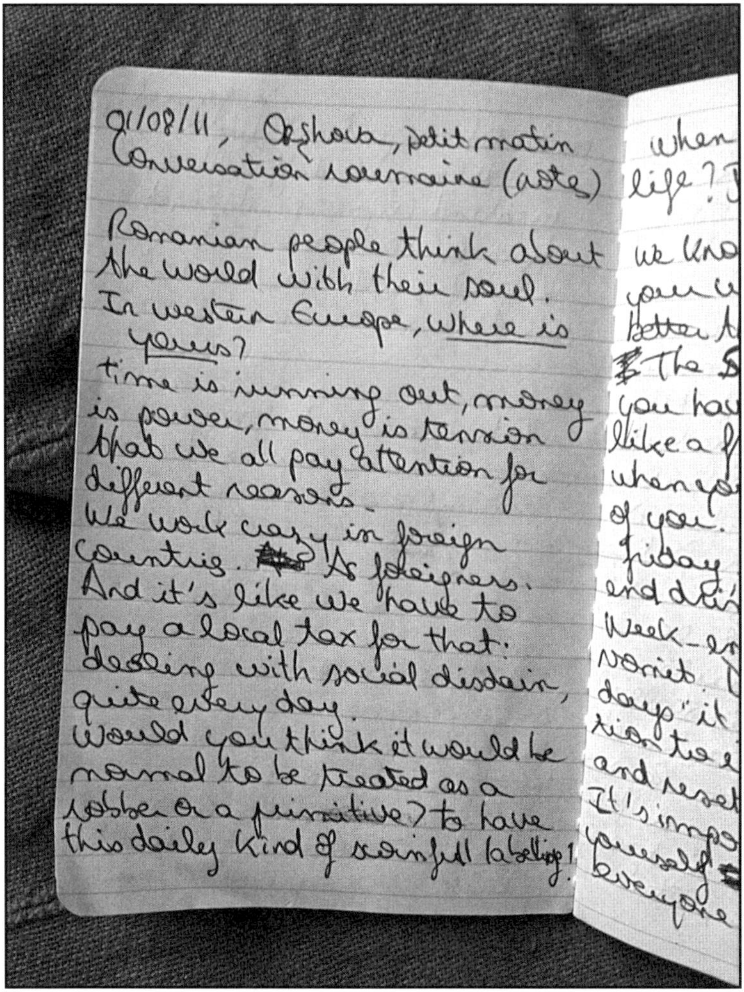
21/08/11, Orshova, petit matin
Conversation roumaine (note)
Romanian people think about the world with their soul.
In western Europe, where is yours?
time is running out, money is power, money is tension that we all pay attention for different reasons.
We work crazy in foreign countries. As foreigners.
And it's like we have to pay a local tax for that: dealing with social disdain, quite every day.
Would you think it would be normal to be treated as a robber or a primitive? to have this daily kind of painfull labelling?

1er août

Orşova, au petit matin, dans une cuisine

Fragments de conversation avec la jeunesse roumaine (traduction)

« Les Roumains pensent le monde avec leur âme. En Europe de l'Ouest, elle est passée où, la vôtre ? [...] On travaille comme des fous dans vos pays. En tant qu'étrangers. À ce titre, tu penses que c'est normal d'être traité soit comme un voleur potentiel, soit comme un primitif ? De sentir le poids de ce mépris au quotidien, alors que toi, tu tends à construire ta vie, comme tout le monde ?

[...] On vous connaît, les mecs, vous et vos pays occidentaux de l'Ouest ; beaucoup plus d'ailleurs que vous ne témoignez de curiosité à notre égard. Le Système pense pour vous ; dehors, quand vous traversez une rue, la plupart d'entre vous ont une horloge à la place du cerveau, comme un frigo qui vous glace le sang. Les jeunes, vous travaillez à fond jusqu'au vendredi, puis vous passez le week-end à boire et à faire la fête, tout ça pour vomir minable en fin de soirée. Pendant ces "journées spéciales", c'est comme si les seules obligations étaient d'impressionner, de dépenser de l'argent en masse et de faire un *reset* complet des autres jours de la semaine. C'est important de frimer, se la raconter. Montrer à tout le monde que vous pouvez être à la hauteur mentalement, physiquement, matériellement. Si tu sors pas, tu passes pour un con, un *looser*. Foutue jeunesse du Nord. Putain de style de vie !

[…] Vous avez beaucoup de choses qu'on n'a pas ici. Beaucoup. Vraiment beaucoup. Trop ?

[…] J'ai une question simple : qu'est-ce que tu veux dans la vie ? Parce que c'est comme si la vraie vie, elle s'était enfuie des impératifs de votre quotidien, en Occident. C'est pour ça qu'après avoir travaillé en Allemagne, en Norvège et en Angleterre, j'ai préféré rentrer en Roumanie et me construire ici : là où le Système a précisément oublié qu'il était censé penser aux gens. Mais ici, tu vois, c'est un endroit où les gens font simplement face au miroir en se levant le matin, et sourient. Et ça, c'est plutôt cool tu vois, parce que moi dans ma vie, il se trouve que j'ai envie de sourire, sourire beaucoup, sourire quoi qu'il m'arrive. Et ça, ça passe avant l'argent et l'efficacité. »

7 août, 21 h 30
À Sânnicolau Mare, rue Drumul-Morii

Figure

Dernier soir en Roumanie

Coucher du soleil. 18 kilomètres avant le dernier bled roumain. Dans une zone industrielle, devant un motel à gros néons où est célébré à grands cris un mariage. Trop chère la nuit (qui s'annonce de toute façon blanche), le contact qui n'est pas là, la solitude qui flâne dans les godasses. La seule chose qu'on sait, c'est qu'on n'a pas de plan pour dormir, et que c'est pas fameux d'envisager la nuit ici. Là passe David, sur sa bicyclette. (Il lui manque trois doigts à la main droite, grosses lunettes carrées.) « Aaaah, le véloooo ! Je suis allé trois fois déjà, en bicyclette, jusqu'à la Constantine[1], par les montagnes. » Le contact passe direct.

500 mètres plus loin, on plante la tente en sa compagnie devant son lieu de travail, qui s'avère être une énorme usine italo-roumaine de céréales, couleur rose bonbonnière. David est surveillant de nuit.

[…] Dans les locaux du personnel, douche brûlante pendant que la « Marseillaise » – improbable – retentit en fond sonore depuis le poste de radio.
C'est la dèche, déballons tout ce qui nous reste en magasin pour un dîner improvisé : pâtes + soupe + gniole aux griottes.

1. « Constantinople », pour désigner Istanbul.

David accepte tout en bloc. Peut-être plus par esprit de convivialité que pour l'aspect de la gamelle… Plus tard, devant le JT roumain, un reportage sur les expulsions de Roms en France, avec la mise en place d'une coopération franco-roumaine pour les renvoyer à Timişoara par avion. Ça fait bizarre d'être français en Roumanie, ce soir…

Matin. Réveil avec les gourdes remplies d'eau de source, et les paniers garnis de pommes. David est passé par là, il est déjà rentré chez lui, son collègue nous salue depuis son poste.

Bye bye, Romania. *Laravedere*.

8 août, 9 h 40
Passage de la frontière hongroise

Interlude

HONGRIE

Présidence de Traian Băsescu. Septembre 2010, la Roumanie demande à la France d'essayer d'arrêter les expulsions de Roms. Les Bleus battent la Roumanie (2-0). Novembre 2010, le Fonds monétaire international et l'Union européenne donnent un feu vert de principe pour le déblocage de nouvelles tranches d'aide à la Roumanie. Paris et Berlin bloquent l'entrée de la Bulgarie et de la Roumanie dans l'espace Schengen. Juin 2011, la Roumanie veut se réorganiser pour mieux absorber les fonds européens. Novembre 2010, le corps de Ceaușescu a été identifié par des tests ADN. 24 sept. 2010, des émeutes d'une ampleur inédite, ponctuées de slogans racistes contre la communauté rom.

8 août, vers 11 heures
Assis tous les deux sur un bout de trottoir
La Power Balade

Pour le meilleur et pour le pire : on décide de repousser la barrière, la date de fin de projet : Pianotrip se prolonge jusqu'où la route nous mènera. Ce n'est plus un projet, pas un voyage, c'est un acte, un pacte, une tranche de vie. Embarquement immédiat, et ça (re)commence : tout prend une nouvelle dimension à partir de maintenant...

8 août
Place publique, en périphérie de Makó, Hongrie
Ornements et motifs
En lecture sur mon baladeur : « Lost », de Noir Désir

Dans ce village, pas de motos, peu de voitures. Des vélos, et des pistes cyclables partout. Des tondeuses dans les jardins. On baigne dans du « trop calme » tout à coup. Escale sur une place publique, révision et rangement drastique de l'embarcation. On voit défiler toute une panoplie de vélos autour de la place : vélos pour adultes, pour bébés, avec des remorques et des kits de toutes les formes. Aucune transition avec les pays précédents.

9 août, 10 h 20
Makó, piscine municipale
Vibrato

Aujourd'hui, pianotripons dans une piscine municipale devant un public de bouées et de maillots de bain. Beàta, femme peintre et designer, a tissé le lien jusqu'à la concrétisation de ce Pianotrip.

9 août
Dans l'atelier de sérigraphie de Beàta
Empreintes

Beàta nous propose de fixer l'identité de Pianotrip sur la caisse du triporteur, elle nous offre son savoir-faire de designer pendant toute une matinée à son bureau. Maintenant les informations sont claires et lisibles à toute heure depuis l'extérieur, les interactions grimpent encore d'un cran. Une nouvelle fenêtre ouverte, notre rapport au monde bascule sous les pédaliers.

Au moment du départ, Beàta prend son vélo et nous accompagne jusqu'à la sortie du village, juste avant de faire demi-tour et d'aller chercher son fils à l'école. Elle brûle de nous accompagner plus loin, nous confie-t-elle, « rien que pour vivre un bout de cette histoire, un bout de plus », avant de s'éloigner aussi doucement qu'elle était venue à notre rencontre la veille à Makó.

10 août
Listing sur le vif

Objets glanés et réutilisés dans les Pianotrips

Inventaire sommaire de ce qui est passé (récemment) dans la valise grise :

1 miniventilateur à hélice (années 1950)
1 casque d'aviateur
1 casque militaire
1 chapeau à fleurs
1 parachute
Des coquillages
1 casquette du métro parisien
1 chapeau melon
1 savon noir de l'Armée rouge
1 téléphone rouge (années 1970, trouvé dans une ruelle de Sofia)
1 masque à gaz
5 robes (dont 1 tutu rose)
1 châle andalou
1 combinaison spatiale
1 paire de chaussures de ski
1 cape…

10 août
Note du jour

Expressions hongroises

« piano » ≠ *piano*
En Hongrie, « piano » se dit *zongora*.
Tente = *sátor* (à prononcer « chator », comme un chateau).

Don Quichotte, à portée de regard

11 août, 19 h 15
Pusztaszer, au moulin Bagi

Impro-duo

Au pied du moulin, j'ai agrippé un chapeau de paille dans la valise grise, et placé le petit ventilateur sur le coffre du piano, pour jouer avec les pales monumentales du moulin. Une impro piano-guimbarde démarre, au taquet. C'est un mariage étrange, envoûtant, auquel je n'aurais jamais pensé, et dans lequel on s'engouffre avec Raphaël – qui fait partie de l'équipe du moulin, sur place –, sans crier gare. C'est chargé, puissant, progressif. La guimbarde vient sans arrêt aiguiser mes fonds d'accords par des rythmes bourdonnants et effrénés ; on se laisse submerger par l'intensité et ça grimpe, crescendo.

11 août, la nuit
Moulin Bagi

Cadrage et image

Le soir, Chris montre ses clichés, pris au crépuscule. On les regarde autour de la table avec toute l'équipe du chantier. À la faveur d'un contre-jour-surprise, l'un d'entre eux révèle un espace-temps d'une poésie inouïe. Tout de noirs et de dégradés de bleu. La beauté centenaire du moulin, entouré de pénombre, comme une vigie dans la nuit naissante, tient dans sa présence gigantesque et charismatique. Face à lui, l'ombre, bien plus humble, du piano, décoré de sa micro-paire d'hélices traduisant sa fragilité, venue faire escale à son flanc, avec pour passagère une jeune fille au chapeau. Sur le promontoire naturel, un tapis d'herbes, ils semblent se faire des confidences. Une autre série de photos raconte autre chose du même moment, dans une lumière du jour plus crue : une jeune fille au chapeau de paille assise au piano. De dos, elle semble jouer tout en regardant fixement à l'aube de sa vie une faux, posée sur la muraille.

J'aime le travail de Chris. À travers son regard, « je est un autre » ; ses photos invitent à toute la démesure d'un rêve éveillé. Il sait prendre des décisions fermes, rapides, comme se laisser surprendre par le cadre, et composer avec les points de vue. La collection qu'il me montre ce soir raconte l'histoire d'un instant qui s'est offert à son œil comme un cadeau.

15 août
Note du jour sur l'Europe centrale
Portés

On nous ouvre la porte et les jardins ; chaque jour on nous fait manger sur le bas-côté des routes ; on est rattrapés entre-temps sur les chemins par des inconnus munis de pastèques, de CD de musique, de curiosité. Quand ce n'est pas d'un journal local avec nos têtes dessus. Tout valse et évolue autour en mode déglingue, quand on passe à la radio ou apparaît sur un papier.
Quand le piano sonne dehors on nous coupe à la volée des fleurs, qu'on accroche en bouquets. Petit bonheur : le caisson du triporteur se convertit en panier de primeurs. On nous gave de fruits et de légumes, qu'on redistribue en zigzag sur la route, à tel point qu'il en déborde. (Sans compter les bouteilles de gniole artisanale qu'on entasse, depuis la Grèce.) Le piano ne sort pas partout, le vélo électrique et solaire est un concept lointain pour certains, il y a des moments, comme ça, qui se suffisent.

HORS-JOURNAL

Cogitation – État d'esprit
Mois d'août, dans le sud de la Hongrie

Flow (Fragments de carnets)

En lecture sur mon baladeur: «Lillies of the Valley», de Jun Miyake

L'embarcation réclame une attention de tous les instants et donne le tempo de la traversée. Parfois on déambule simplement sur de longues plages de silence, en suivant la logique du climat et du relief, d'une musique intérieure: quand je pédale en force tranquille, le corps en mouvement avec le paysage qui défile en cadence, il y a une harmonie particulière qui se dégage: un temps de rêverie et d'imaginaire imbriqué dans la réalité passagère qui s'ouvre à moi, et la musique envahit souvent cet espace solo.

Il y a des jours où on sort essorés d'un rapport humain trop vaste, compact, qui nous fait sauter de palier en palier. Captivant, mais épuisant. Dehors, le monde change constamment sous la gomme des pneus et des semelles. Il électrise. On s'y débarbouille, s'y dénude, s'y révolte, s'y grise. L'avancée dépend des regards en face, parce qu'ils peuvent ouvrir des portes, livrer des clés insoupçonnées, déclencher des flots de musique comme de l'indifférence, et que ces regards varient sans arrêt. Le manque d'imagination est notre pire ennemi, les « vous comprenez, c'est compliqué » de gens au regard cassé ou aux rêves flétris nous laissent bien trop souvent déculottés sur le bas-côté de la route.

On se met à cartographier l'instant quand on pose des Pianotrips. Il faut être deux au minimum pour que cela arrive, un Pianotrip. Une question d'harmonie, compte tenu de la logistique qu'il y a derrière. Parfois ça discorde : l'un veut aller poser le piano quelque part, a vu quelque chose de possible, et l'autre non ; on s'engueule. D'autres fois les guidons dévient instinctivement, complémentaires ; les roues crissent, le piano se plante dans le décor le temps d'une séquence « goguette », avant de rebasculer dans le caisson aussi vite qu'il était apparu, et nous sur la selle, quand tout cela ne nous amène pas ailleurs. Le temps présent s'est mis à revêtir une importance capitale. Il soulève à certains endroits des pans de surréel, avec des ritournelles qui nous collent à la peau. Quand une séquence peut être investie dans l'espace qui s'offre à nous, on démultiplie les aires de jeux : en musique, en poésie, au dessin, en photo. Certains paysages contemporains donnent envie de répliquer au moyen de personnages, de saynètes qu'on imagine dans l'espace. On a rarement le luxe de pouvoir déterminer les possibilités à l'avance, et c'est tant mieux. Beaucoup d'objets circulent en cours de route. Trouvés, grappillés au hasard, chinés, échangés, plus rarement achetés, quand on a les moyens. Mieux, parfois, quand on nous en apporte spontanément. On les stocke dans la grande valise grise prévue à cet effet, avant de les ressortir pour une séquence, un peu plus loin. Il n'est pas rare de rencontrer le paysage adéquat à un objet qu'on transporte à bord depuis longtemps, sans savoir vraiment pourquoi au départ. Il y a là un jeu de miroirs et de résonances qui nous épate, nous amuse follement, et dont nous ne contrôlons rien.

23 août
Fragments de carnets
Les villes
En lecture sur mon baladeur : « L'Enfer », de I Am

L'agitation purulente des grandes villes
Les préoccupations citadines
Me donnent envie de ne jouer
Que du Mario Bros
En thème principal
Sur le bitume.

*

Les villes, on les subit autant qu'on s'y engage. Impossible de laisser le triporteur dehors, hors d'attention : qu'elles soient petites, moyennes, tentaculaires, notre organisation bascule pour se faire à leurs rythmes et frénésie. Avant d'atteindre le cœur, les périphéries sont juste flippantes, comme un refrain bétonné, déréglé en barres qu'on retrouve dans chaque pays, comme un passage obligatoire avant d'entrer dans la ville, les zones commerciales. Leroy Merlin, Ikea, Carrefour, Praktiker, McDo, toute la famille te salue. Phénomène du partout pareil, chaque fois j'oublie… Putain, ça penche.

*

Faire l'économie d'entrer dans les villes, ce serait plus facile. Mais ce serait envisager de passer à côté de l'époque, de créer et d'entreprendre hors d'une partie phare du monde de tous les jours : impensable.

*

En évoluant dans leurs circonvolutions, on se rend souvent compte d'un phénomène étrange : les centres sont léchés mais figés, liés à un patrimoine patiné et silencieux qui se visite avec un ticket payant, alors que dans les périphéries s'organisent des vies de quartier, loin des vitrines lustrées et des trottoirs soigneusement pavés. Le béton et ses rues taguées abritent des trésors de savoir-vivre. Une pizza et un kebab ont bien meilleur goût là-bas, et les enfants jouent souvent entre les tables des clients, qui connaissent tous le patron, et les voisins.

*

Avec ce piano à poser, on est autant polarisés par les chemins de traverse solitaires que par les grands boulevards citadins.

*

Une fois la question de l'hébergement du piano-vélo réglée à l'arrivée dans les mégalopoles, on vacille sous l'effet de la légèreté retrouvée et on ne tarde pas à filer à deux sur le petit vélo, moi à califourchon sur les sacoches ou le guidon, Chris aux pédales, et à décortiquer les espaces, tout en faisant rapidement un plan des lieux marquants, temps de repérage et de découverte. J'adore ces moments où on circule en invisibles, la case grande ouverte, pas encore arrêtée sur une forme, une idée, un lieu, un air en particulier.

Liberty Bridge

25 août
Listing sur le vif
L'avancée au moment T

6 mois plus tard :
2 514 kilomètres au compteur

Depuis le départ :
17 chambres à air changées
4 jantes tordues et démontées
1 paire de plaquettes de freins remplacée
108 rayons cassés
2 révisions complètes du piano
Des heures inquantifiables au piano

Position actuelle :
Budapest

Situation du moment :
9 rayons cassés sur chaque roue
1 concert sur le pont de la Liberté

25 août
Arrivée à Budapest
Valeur pointée

À peine débarqués dans Budapest, en pleine rue passante, un homme s'approche de moi et me glisse d'un air averti : « Mettre un piano sur un vélo et faire le tour de l'Europe ? C'est une révolution sans armes, un musée à ciel ouvert, voilà ce que j'en pense. »

28 août, à 23 heures
Place Fővám tér, Budapest

Nocturne

On décolle de chez Anna,
Très proche banlieue
Côté Buda
Rendez-vous avec elle de l'autre côté du pont
C'est un peu ça partout

On passe le pont de la Liberté,
– Hier on jouait ici.

Promontoire urbain de métro
Comme un bastion
Deux inconnus aident à hisser le piano

Jouer dans Budapest
C'est un peu ça partout
Les gens sont là.

Limpidité

Première ligne de mélodie
Un tramway passe
Le temps s'arrête.

Pianotrip nocturne, Sweet Appetite

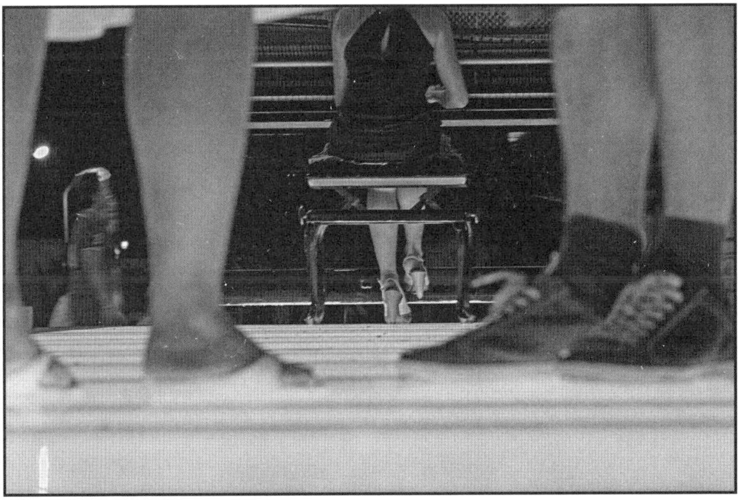

The Némèt's Point, place des Héros, 7 heures du matin

Deux heures plus tard

31 août, à 6 heures du matin
Place des Héros, Budapest
The Némèt's Point

Réhabiliter l'idée d'un salon d'intérieur, à l'extérieur dans l'espace public.

Place des Héros, une place imposante, en noir et blanc, au sol mat et compact. Les motifs sont réguliers, répétitifs ; l'espace compartimenté en petites sections carrées compose des jeux d'esthétique. Contraste avec l'espace confiné et raffiné d'un salon, protecteur et chaleureux, jusqu'à la moquette. Jouer avec les frontières ordinaires, le grandiloquent, les cloisons et décloisonnements imaginaires. Dans ce salon sans murs improvisé, qui franchira le seuil, et qui restera spectateur ? Où se situent les murs ? Laisser la scénographie travailler et tirer son identité du vécu de l'action. Révéler ce moment par ces présences, pour pointer le vide, trop-plein, manque et isolement. En fonction de la musique et de l'interprétation, les lignes bougent selon « l'instant vécu » et poussent le curseur de l'interprétation pour influer sur l'une ou l'autre direction. La famille Némèt, chez qui nous logeons, nous prête son mobilier pour réaliser ce tableau, qui portera son nom.
Grâce à la perturbation, on peut interroger la logique. Ouvrir des portes ou se taper la tête contre des murs. Il s'agit d'un carré parmi d'autres, sur une place immense, ouvert sur un infini.

31 août, 6 h 38
Place des Héros, encore endormie

La danseuse impromptue

Elle s'appuie sur le laqué du coffre
Le pied se tend
Et salue en pointes
Arabesques et cabrioles
La belle fugace vogue
D'une note à l'autre
Comme lâchée soudainement
Dans un champ de tulle
Un écart et
Voilà qu'elle s'enfuit
Court, disparaît
Vaguement honteuse déjà
De son désir fondu
Sur du Satie
Voilà qu'elle disparaît de ma vue
Le soleil
Entre-temps
S'est levé.

1er septembre
Budapest
Souterrain

Bug d'une ultramodernité déchue
Ça pourrait être Paris, Athènes, Sofia
Épurés dans le sale, le crade, le poisseux.
Corridors de nulle part, étouffoirs d'horizons
C'est comme se glisser dans un mauvais film
À l'instant où tout se déglingue.
Syndrome des lieux anonymes
Où une file discontinue d'êtres exténués
S'égrène en flux machinal
Sous le joug d'une voix métallique décharnée
Qui lâche quelques informations en bribes
– Toujours les mêmes –
Toutes les deux minutes exactement.
Courte traversée
On y sue l'impression latente d'avancer comme les autres
C'est à dire œil ramassé
souffle coincé
visage blême
sac collé au coude
Marcher en compagnie de la moiteur de l'angoisse
Sentir la lourdeur du pas réprimer des relents de pisse,
En attendant que ça passe
En attendant que ça passe
Comme mis en cloche
Pour une poignée de minutes grésillantes.

Souterrain de Kelenföld, banlieue sud-ouest de Budapest

24 septembre
Sur la route entre Budapest et Szentendre

Gruppetto

En lecture sur mon baladeur : « September Second », de Michel Petrucciani

Georges, c'est un architecte d'intérieur, la cinquantaine. Une personne rencontrée de façon inopinée à plusieurs reprises en ville : à la fin d'un concert, à un carrefour, nous avec des rayons de vélo dans les mains, une autre fois à la sortie de la ville, lui muni de son vélo. Aujourd'hui, il nous équipe d'un petit phare rouge *vintage* pour l'arrière de l'embarcation. On quitte la ville ensemble en direction du nord. Il s'agit de traverser le Danube pour gagner prochainement la Slovaquie. Deux jours à bord ensemble, traversée jusqu'à Szentendre. Environ deux heures plus tard, on est six sur les routes : deux frères photographes et Fabien, un voyageur francais, ont rejoint le peloton à vélo.

Gruppetto, les promesses de route

28 septembre
Passage en Slovaquie, par le pont d'Esztergom

Interlude

SLOVAQUIE

Présidée par László Sólyom. Septembre 2010, Pál Schmitt élu président de la République. Octobre 2010, marée rouge catastrophe survenue à Kolontár. Janvier 2011, présidence hongroise de l'Europe. Mai 2011, le nazi hongrois Sandor Képíró est jugé pour crimes de guerre. Mai 2011, la Hongrie rachète à la Russie 21,2 % des parts de la société MOL (1,88 milliard d'euros) pour la plus grande entreprise pétrolière et gazière hongroise. Juin 2011, les Sicules sèment la discorde en Roumanie. Bucarest dénonce des tentatives autonomistes ou séparatistes. Sur le million et demi de Hongrois qui constitue 7 % de la population roumaine, un tiers se disent Sicules. Novembre 2011, de mystérieuses traces d'iode 131 sont détectées dans l'air.

29 septembre
Le long du Danube, en regardant l'eau qui coule
Impressions

On vit réellement le chemin des possibles, avec un lot d'éventualités improbables, des combinaisons paradoxales, parfois aliénantes. Dans l'air, il y a des extraits de *Jeux d'enfants*, du Charlot, du Woody Allen, du Kusturica, deux trois séquences à la James Bond ou pierre-richardesques, et quelques poignées de secondes où on se sent glisser dans un dessin animé de Miyazaki, si je déroule l'image au complet.

30 septembre
En campagne slovaque, route de Bratislava

En lecture sur mon baladeur : « En collant l'oreille sur l'appareil », d'Alain Souchon

« Un monde moins brutal et plus velouté plutôt que ce monde à deux balles et sans volonté. »

Le vent forcit, c'est un vent sibérien

Living Road

1er octobre
Note du jour
Temps plein

Bientôt un mois que je n'écris rien. La route prend toute la place.

2 octobre
À Podunajské Biskupice
Paysage

Trois semaines à pédaler sans s'arrêter dans ce paysage de champs de tournesols brûlés. On se dévissait la tête sur la gauche sans rien se dire. 3 kilomètres avant l'entrée de Bratislava : le ciel est blanc, le vent souffle, rendez-vous dans deux heures avec un hôte de Couchsurfing, il y a pas mal de contre dans cette histoire, mais le piano s'en fout, les roues ont dévié toutes seules. Concerto dans le dernier champ de tournesols brûlés qui s'offrait à nous.

(A)live

2 octobre
À Podunajské Biskupice

« Les peureux »

Dans les nervures de leur stress
Dans la gerçure de leur détresse
Leur conscience qui les questionne,
À reculons, ils tâtonnent.

Dans leurs pensées qu'on fragilise
Leurs rêves qu'on catalyse
Leurs cœurs qu'on paralyse
Ils s'éternisent, s'enlisent, et ils s'épuisent

Les peureux

Parfois une avalanche de larmes blanches
Les fait frémir, les fait gémir, et l'âme flanche
L'âme s'épanche
Elle se répand alors
Sur la fente des désirs avortés dont ils se repentent.

Alors parfois, parfois seulement
Sporadiquement

Ils sortent de leurs rumeurs
Sondent l'humeur extérieure
Décloisonnent les barrières d'une quelconque peur

Ils crèvent soudain de prendre leurs valises

Partir à Vienne, ou à Venise !
Mais… toujours… toujours ils balisent
Les peureux
Ils se ravisent, se raisonnent
Puis ravalent leur frêle salive.

Dans d'hypothétiques sécurités
Ils meurent de tumeurs pétrifiées
… Tout esseulés
… Tout vitrifiés
De n'avoir pas su exister heureux,
Les peureux.

2 octobre
Escale à Bratislava, place Námestie-L'udovíta-Štúra
Passeur de ville

L'embarcation est à peine garée qu'un *poc!* éclate : un groupe soudé surgit au coin de la rue avec une bouteille de champagne tout juste sabrée, et un homme, bras grands ouverts, s'exclame : « *Hey ! This is how it has to be* : Champagne ! *Welcome, guys !* »
Première image de la capitale slovaque et de Juraj, notre hôte, qui nous ouvre ce soir la banquette de sa cuisine.

4 octobre
Fragment de carnets
Répétitions

Les airs de musique nous marquent, ils jouent à cache-cache avec nos idées ; j'en pourchasse certains au piano avec l'intention de les ajouter au répertoire musical que j'entretiens comme une base évolutive *live* à côté de mes friches d'improvisation. Du fond de la mémoire, comme une évidence (surtout à bicyclette), certains titres, opus, riffs, albums entiers, remontent à la surface des lèvres, ils remontent à un moment T depuis l'enfance, l'adolescence, et me traversent. Par ricochets ou clins d'œil, d'autres morceaux, comme les *singles* et mix saisonniers ou les musiques traditionnelles, se greffent en chemin : piochés dans les cafés, les cybers, les magasins, à travers la vitre d'une voiture, d'une maison, ou encore quand je suis et savoure discrètement pendant quelques mètres ces airs que les gens chantonnent en marchant. Il y a du son de toute façon partout, tout le temps, casque vissé sur les oreilles ou pas. Et on se rend compte de l'époque de dingues dans laquelle on vit : au niveau musical, les digues ont sauté. Les genres et les courants se fréquentent librement, le métissage explose : on entend original et reprises en vogue, mash-up, samples et compilations mix-tape à gogo. Envie de participer à cela.

Les séances de travail et de répétition au piano se déroulent à l'ombre des grandes surfaces, sur une place de parking en zone industrielle : une fourmi noyée dans la multitude sans attirer l'attention, non loin des caddies de fer et des autos à l'arrêt, de la tôle des entrepôts. À l'instrument, je suis toujours exposée à la curiosité des gens. Alors, pour m'entraîner ou rester seule avec lui, il me faut trouver des abris, pourtant à découvert. Je ruse. J'ai soif de ces temps invisibles ; je n'en ai jamais assez, du temps de recherche, celui qui taille le jupon de la création.

Du bout de mes mains, de ma bouche, de ma langue, de mes poumons, et de mon cœur, je suis à la pelle et à la truelle sur mon clavier. Dans les moments d'exaspération, je vise toujours trop haut, trop loin, mon exigence mange souvent l'action, à force de trop vouloir. Les premières barrières, c'est les barrières du soi ; je suis championne pour m'encastrer droit dedans. C'est quand elles arrivent à tomber au piano ou au chant, que cela peut me transporter loin et devenir fantastique, avec le ventre qui chauffe. Parce que je décolle, et qu'une odyssée musicale tenue secrète jusque-là s'ouvre d'un coup. Celle qui fait que les passants deviennent des aimants, des amants ; leurs émotions des malles à souvenirs ; que la réalité même se met à vibrer, malléable comme de la pâte à modeler, et non plus friable.

11 octobre
Longue traversée, de la Slovaquie vers la Slovénie
Sur l'itinéraire de Ljubljana
Migration longue distance

Slovaquie, Autriche, re-Hongrie, Slovénie. Après, cap sur l'Italie, pour gagner sans doute l'Espagne ou le Portugal, par le Maroc. On verra… Bifurquons et moulinons en tout cas en direction du sud-ouest au rythme des oiseaux qui martèlent le ciel au-dessus de nous comme un repère, la tête souvent rivée sur leurs joutes aériennes. La première vague de froid reçue de plein fouet à Bratislava fait prendre conscience que le temps nous rattrappe. Le vent du nord, c'est un bon signal. Éloignement progressif des rives du Danube, paysage mère de ces derniers mois. Le premier virage de guidon pour enclencher la bifurcation, tournant ainsi le dos au nord de l'Europe, m'ouvre à une myriade de pensées éparses, et de passerelles de vécu que j'aère à grands coups de riffs chantés à tue-tête. Grande frustration de ne pas pianotriper à Berlin – Berlin ! Je ne connais pas l'Allemagne, créer là-bas ça doit être incroyable. D'un autre côté, un hiver au Portugal, ça doit être bon aussi, j'imagine.

Course contre le temps, à pleine balle : on a traversé six pays en sept mois, voilà qu'on vient de passer quatre frontières en quatre jours. Les jours raccourcissent. La quête de soleil alimente nos itinéraires, continue d'exacerber le trip de nos idéaux. Il y a quelque chose de jouissif à pédaler avec un piano dans sa direction, ça réchauffe et tient plus au corps que n'importe quel grog. De façon globale, l'embarcation par sa nature n'est pas conçue pour l'austérité. On ne joue pas dans un dehors gelé. Sur les routes de campagne, les toiles d'araignées scintillent et volent en filaments, portées par le vent, en forme d'adieu à l'été révolu. Nous, on trace. Le soleil pointe à 8 heures, la nuit à 18 heures. Le pédalage s'organise dans ces horaires, qui vont décroissant. Depuis que le contrôleur de batteries fonctionne, on fait une quarantaine de kilomètres par jour, par temps ensoleillé.

12 octobre
Passage de la frontière Slovaquie-Autriche par le plus petit poste de frontière jamais franchi, Village de Kittsee

Interlude

Présidence de

Ivan Gašparovič. 9 juillet 2010, Iveta Radičová nommée à la tête du gouvernement, pour « réformer » le pays. Une femme est nommée Premier ministre en Slovaquie pour la première fois.

La Slovaquie ralentit les démarches pour voter le Fonds européen de stabilité financière, le Parlement slovaque votera en décembre, au plus tôt. Hiver 2010-2011, les basses températures en Slovaquie ont fait 122 morts. Octobre 2011, le Parlement slovaque a finalement approuvé le renforcement du Fonds européen de stabilité financière.

AUTRICHE

12 octobre
Le seul jour passé en Autriche

Fantaisie & Panorama

Atterrissage dans un monde de titans : paysage d'éoliennes, et bordure d'autoroute. Hier soir, quand on s'est demandé après la frontière « où coucher ? », trois biches sont sorties des fourrés, et se sont arrêtées un temps, en face des roues. Il y avait un champ à côté, la tente se déplie là. Au lever, un lapin prend le relais et court près du fossé. Il nous escorte en grande pompe, jusqu'à l'entrée du village.

12 octobre
Listing non exhaustif des dernières semaines
Logements spontanés

Avons dormi chez/dans :
1 ambassadeur
1 centre pour SDF (le lendemain)
3 parcs pour enfants
2 casernes de pompiers
1 banquette de cuisine
1 château
4 cours de ferme
1 classe d'école
1 PDG de multinationale
1 gymnase
Avons été reçus dans un hôtel deux étoiles.

… Des claques et des ascenseurs sociaux dans tous les sens.

12 octobre
Fragments
À la recherche d'une prise de courant

Quand il s'agit de contact sur la prise de terre, il y en a au bout du fil qui sont amusés, irrités, disponibles, apeurés, productifs, créatifs ou comptables, molestés ou réceptifs. Une prise de courant peut provenir d'un rez-de-chaussée, comme d'un troisième étage d'immeuble. Il suffit de le vouloir.

*

La peur du fil

Recharge en centre-ville : ceux qui se mettent à adopter la démarche pincée, qui font des grands gestes théâtraux pour enjamber le fil, avec un mouvement de recul. « C'est sale, ce fil. Pas réglementaire. Il n'est pas bien rangé, le fil. C'est dangereux de laisser traîner le fil par terre. Ça n'est pas une place pour un fil. »

*

Extraits de moments de recharge

[...] Ce matin, une boulangère accepte de nous recharger, sauf qu'elle n'arrête pas de crier dans son magasin. On part se brancher dans le café d'à côté. Son fournisseur et son mari viennent chercher la prise pour la rebrancher dans leur négoce et nous disent que c'est tous les matins comme ça.

*

[...] Un kiosquier accepte de brancher le câble sur le secteur. Une main se tend pour attraper la prise, pendant que l'autre te donne 4 euros, « de quoi acheter une brioche et un café », en t'invitant à t'installer à la terrasse du café d'à côté, le temps de la recharge. Le fleuriste d'Aiton avait tellement raison.

*

[…] Comme dans la bourgade de Sanguinetto, en Italie : une fois passé la première petite barrière de méfiance face à l'absurdité inédite de notre quête, quelques clients ont finalement le feu sacré pour trouver la bonne rallonge, se battent pour rapporter le premier le bon adaptateur.
Dans d'autres cas, en général dans les bars, on t'explique, avec une mine détachée et plein de gestes qui, l'air de rien, encouragent à la porte de sortie, que ce n'est pas qu'ils ne le veuillent pas, mais il y a la machine à café à faire tourner, la lumière, et la machine à sous… et une prise – même celle-là, oui, celle-là de libre –, non, vraiment, ce n'est pas possible. Et puis il faut qu'ils te laissent maintenant, parce qu'ils ont besoin de bosser, eux…
Il y en a, enfin, qui te demandent carrément sans ciller 5 euros la demi-heure et d'autres qui te disent non, tout simplement.

*

Emprise

Il y a ceux pour qui une prise de courant, c'est compliqué, et d'autres pour qui c'est simple. Ceux pour qui c'est insensé, d'autres pour qui c'est évident. À chaque fois, en tout cas, on est en prise avec le monde. De toute façon, pour continuer d'avancer, il faut que le courant passe.

20 octobre
Entrée en Slovénie
(Suite à une transition éclair en Hongrie)

Interlude

Heinz Fischer,
président fédéral de la
République d'Autriche. Mars 2011, le
ministre de l'Environnement Nikolaus
Berlakovich demande que toutes les centrales
européennes soient soumises à des tests de
résistance. Septembre 2011, Anonymous publie
les noms et adresses de 25 000 policiers
autrichiens. Novembre 2011, *Litzlberg am Attersee* de Gustav Klimt
vendu pour 40,4 millions de dollars (29,26 millions d'euros), une toile
montrant les bords du lac d'Attersee en Autriche. 15 décembre 2011, l'agence
de notation Standard & Poor's menace de dégrader la
note de l'Allemagne et de l'Autriche.

SLOVÉNIE

19 octobre
Note de bas de carnet

Sprint

En lecture sur mon baladeur : « Killing in the Name », de Rage Against the Machine

Le vent forcit à l'arrière, on l'a souvent de dos, partenaire de notre cavalcade vers le sud.

28 octobre
À l'auberge de Ptuj, Slovénie

En route pour la joie

Bonne surprise : Rémi est venu nous rejoindre à vélo… sans vélo. À la place, dans ses bagages, l'appareil à raclette familial des années 1980 assorti d'une assiette de fromages qu'il tient dégainée comme un trophée avant même qu'on ouvre la porte pour lui sauter dessus ; une assiette à faire pâlir le plus français des Français, matériel négocié avec une conviction déroutante au quinzième degré aux guichets de l'aéroport, contre ses piquets de tente notamment, laissés avec flegme sur place (en échange), face à un staff d'embarquement désabusé. « C'était ça, ou pas de raclette, les gars ! » Est-il besoin de préciser que Rémi est haut-savoyard ?
On fait 380 kilomètres ensemble, de l'est de la Slovénie jusqu'à Venise, mais Rémi, il en fait quasiment le double, lui : son vélo violet dégoté sur place n'a qu'une vitesse. À

chaque montée, je le vois prendre son élan sur son destrier comme on adresse une prière puis continuer en ahanant, et pratiquer des zigzags en côte à la façon d'un serpent déboussolé, avant de reprendre naturellement la discussion en cours comme si de rien n'était, images qui resteront gravées dans mon esprit. L'appareil à raclette fièrement exhibé à la vue de tous sur son porte-bagages, avec une plaque d'immatriculation Airfrox 74 faite à la main, a réalisé une virée routière dont l'objet se souviendra probablement. Journées étincelantes d'automne, effervescentes, frondeuses, à traverser de part en part un pays qui nous ouvre grandes ses portes et ses collines, où nos éclats de rire résonnent jusque tard dans la nuit, après des aventures ubuesques en série. On s'en étrangle de rire à s'en retourner comme des soleils, roue la première, jusqu'à ce que nos corps continuent de cabrioler pitoyablement sur le bitume, hébétés de joie.

2 novembre
À Slavinje, Slovénie
La maison abandonnée slovène

Un de ces jours où on ne devait s'arrêter sous « aucun prétexte » pour avancer sur l'hiver naissant…

[…] L'installation prend plus de trois heures. Après être entré par une des fenêtres du rez-de-chaussée, le piano reste un certain temps prisonnier de l'escalier sans arriver à émerger au premier étage. Le jour lentement s'éteint. Quelques figures du hameau se rassemblent. D'ailleurs, on n'aurait rien pu faire de plus sans que Milàn, pompier volontaire (et audacieux) passe par là, par hasard. Le temps de caler une échelle en bois dessous pour manœuvrer en glissière et d'un solide coup d'épaule, et le piano investit le salon éventré du premier. Thé et café circulent, en bas. Il est 19 heures, la nuit s'est tout à fait mise à son aise. L'incertitude quant à la possibilité de jouer clignote, maintenant qu'il fait tout noir. J'entends quelqu'un monter. Une voisine apporte des bougies, et la salle s'éclaire – juste ce qu'il faut pour amorcer la première note. […]

À la sortie, une personne s'approche et me dit : « Mon fils est mort en percutant cette maison, il y a trois ans. » Quelque temps après, une autre personne vient nous voir : « Mon père est né dans cette maison. » Une bougie rouge – qui brûlait déjà à notre arrivée – se consume en bas, silencieusement. Depuis la veille, nous en avions croisé un grand nombre, toutes similaires, à différents endroits. Cela nous avait interpellés. Nous apprenons que la bougie rouge, c'est une tradition religieuse soigneusement suivie dans tout le pays. Ce soir, c'est la fête des défunts.

Anika, la cinquantaine, a rechargé chez elle les batteries du vélo dans l'après-midi. Elle revient nous chercher au pied de la vieille bâtisse pour nous inviter à dîner parce que, entre-temps, elle a préparé un festin de spécialités locales avec des légumes et des aromates sortis de son jardin. Après nous avoir régalés, elle nous installe d'autorité comme des papes chez elle (« *Here there's a room for you, and here too* »)... et part dormir chez sa mère, avec un naturel qui nous laisse sciés. « *What time shall I come back to wake you up, guys ?* » glisse-t-elle tout sourires, devant la porte d'entrée.

5 novembre
Automne
Passage de la frontière entre la Slovénie et l’Italie

Interlude

Présidée
par Danilo Türk.
Avril 2010, visite du dalaï-lama en
Slovénie. Juin 2010, « l'Europe ne sera pas
un terrain de jeu pour les OGM », Janez Potočnik, le
commissaire européen à l'environnement. Fait
divers de Sacha Baricevic. Juillet
2010, le responsable présumé d'un réseau
d'ordinateurs zombies est arrêté en Slovénie.
Octobre 2011, la note de solvabilité de la Slovénie
ITALIE est abaissée d'un cran, de « AA » à « AA- ».
Novembre 2011, la chaîne Al Jazeera
s'implante à Sarajevo, Al Jazeera
Balkans commence à
émettre dans les Balkans.

6 novembre
À Mestre (Italie), pluie

En lecture sur mon baladeur : « Manifesto », de Chilly Gonzales

Après le départ de Rémi, je laisse longtemps un espace physique vide à la place qu'il avait pris l'habitude d'occuper pendant les temps de pédalage : côté droit, au plus proche des paysages, comme pour le faire exister encore un peu, par ici.

8 novembre
Pensée de guidon

En lecture sur mon baladeur : « No Surprises », de Radiohead

Les familles nous poussent à continuer. Là où les institutions restent muettes, elles nous ouvrent leur sas magique, nous apaisent et nous bordent souvent le long des routes. On repart chargés de leurs brouhahas, souvent bardés de petits cadeaux. On les garde précieusement à l'arrière du caisson. Mots cachés dans les valises : parfois on les découvre un peu plus tard. Je viens de trouver au fond de ma sacoche une petite lettre, écrite en anglais.

9 novembre
En Vénétie, chez Salvatore

Théâtralité vitale des Italiens

« Et toi, Salvatore, tu viens d'où ? »
Le type, magistral, se retourne d'un quart de tour sur sa chaise pour lever d'un coup sec sa jambe gauche, et indiquer très précisément le talon de sa botte, du bout de l'index tendu, avec tout le sérieux et l'intensité de la fierté qui lui remontent au visage : « *Sono di Lecce*[1]. »

11 novembre
De Mestre à Montagnana

Vivace

Validation par mail de la résidence artistique qui nous attend d'ici un mois dans le centre du Portugal. Aujourd'hui, record de distance en Italie du Nord : 80 kilomètres en un après-midi, par voies secondaires.
On circule au plus rapide en direction du port de Gênes : un bateau nous attend à date fixe, embarquement pour l'Europe du Sud-Ouest.

---

1. « Je suis de Lecce. » Lecce est la capitale de la province des Pouilles, située au sud, dans le « talon » de l'Italie.

12 novembre
Note du jour
Crescendo

Aujourd'hui au cyber, je suis tombée sur ces mots :

« *Des armes, comme une esthétique du pain sur la planche*
Des armes blanches comme l'aube blanche à Paris
Cette aube comme le foutre de l'absence

NOUS SOMMES ABSENTS, MESSIEURS !

[…]
Des portes de secours sont ouvertes là-bas
Il suffit de pousser un peu plus, rien qu'un geste. »

« *Des armes, comme un sourire de l'autre côté de la tête*
Comme une façon de désarmer
Comme un chien qui vous aime
Des armes qui vous lèchent, qui vous sortent, qui vous bercent
Des armes pour inquiéter l'inquiétude
Et puis le Code de la peur à distribuer
À tous ceux qui habitent avec la peur ou que la peur habite :
Article 1. *J'ai peur*
Article 2. *J'ai peur*
Article 3. *J'ai peur*
Article 4. Où sont les toilettes ? »

Léo Ferré, « La Violence et l'Ennui »

Dos au mur

HORS-JOURNAL

Cogitation – État d'esprit
Mois de novembre, route vers la Méditerranée

La Peur

En lecture sur mon baladeur : « Ce grand méchant vous », suivi de « Comic Strip », de Serge Gainsbourg

« Vous êtes jeunes, quand on est jeune, on peut se le permettre. On peut tout se permettre. Après il faudra assumer. » Assumer quoi, au juste ? Tout comme ces couvercles de précarité qu'on nous refourgue parfois, au détour d'une non-discussion qui se veut rassurante pour son auteur, vautré dans sa zone de confort, sans concevoir autre chose en face. Par commodité, une fois de plus. Je n'arrive pas à me sentir jeune, dans cette morosité. Me décourage. Ça me coupe les jambes.

La peur est trop souvent de mise, la méfiance recommandée, cautionnée dans les comportements de tous les jours en se tenant confortablement informés d'un monde qui tangue, qui tangue et qui gronde, choquant et excentrique, mais suffisamment hors de portée pour qu'il continue d'inquiéter à distance du quotidien millimétré qu'on périmètre avec soin, jusqu'à la prochaine alerte. Le dehors devant soi décrit comme une usine aux milles dangers par trop de gens me fatigue, justement.

Oubliées les années folles ? Celles où nos grands-pères relevaient le défi de voler dans le ciel, dansaient le charleston, marchaient sur la Lune, ou se risquaient à moto avec leur lot de galipettes sur le sol ? Pourtant l'époque ne manque ni de révolutions ni de détonant. Mais s'étonner choque, redouter paraît plus conforme. Se révolter contre cet état sans relief prend les apparences d'une entreprise marginale. Oui, il semble plus normal de se fatiguer à s'inquiéter soigneusement au jour le jour en se le répétant, plutôt que de faire, tenter. Plutôt que de rire, se dérider. Ça craint. Je ne sais pas moi, mais n'est-on pas en train d'oublier que la peur, ça reste une émotion parmi d'autres ? Qu'une crise, c'est fait pour décriser ? Depuis quand c'est comme ça ?
Comment ne pas avoir envie de passer à autre chose ?

En même temps, vivre sans peur, ça n'existe pas. Pour moi, la peur existe, basiquement de deux manières. La première, c'est un arrêt forcé, un gel, une paralysie générale de tes fonctions, trou noir passablement aveugle qui, si tu passes de l'état d'alerte à l'état de réaction, peut te rendre des plus irresponsables. La deuxième, c'est une impulsion chimique, un courant électrique, une verve qui te court sur l'échine, hérissant tous tes sens en éveil, un gargouillement qui te permet de passer la barrière. La dépasser si tu le convertis en élan. Cette peur, c'est celle qui te répète que tu es en vie. Essentielle. Là pour qu'on la saisisse à bras-le-corps, pour qu'on se laisse secouer tout autant qu'on la secoue. Sans elle dans l'estomac, on ne se lance pas, ou moins bien.

J'ose espérer que l'austérité, la morosité servent à une chose : encourager par leur décadence à se dérider et créer des jours nouveaux, avec des matins insolents.

8 novembre
Bribes de carnets

Ritournelles & commérages

« Pourquoi t'es pas partie avec une flûte ?
– Pour pas faire du pipeau. »

*

« … et sinon, vous avez un projet ? »

*

« Quand tu auras des enfants, c'que t'en auras, des choses à leur raconter… »

Mantoue : retour

13 novembre
Plaine du Pô, 3 °C
Répétition

Retraverser la plaine du Pô en sens inverse. Repasser exactement par tous les petits bleds de la Lombardie qu'on avait traversés, six mois auparavant. Comme le film qui se rembobine en vitesse rapide.
Lenteur tâtonnante à l'aller. On repasse maintenant dans un souffle, avec toutes les images qui se télescopent. Fouler à nouveau les pavés de Venise sous une pluie battante pour dormir en éclair chez le *Maestro* des Surprises, retourner à Mantoue chez l'avocat Felipe, arriver dans la cour de la famille du Corte Postina, Chiara, Gazzuolo et son bar où

on a fêté la Merenda avec Aldo et ses compères, faire une nouvelle halte à Crémone...
Le malin plaisir d'aller sonner au timbre des visages connus, en clin d'œil :
« Bonjour ! Vous vous souvenez de nous ?
– *Per la Madona !* »

15 novembre
À Broni
Tempo

Utopistes ou pas, on voulait du soleil et du boogie ; que ça pulse au bout de nos Palladium bleues, autant que sur le continent qui se disait trop vieux ; au bout des chaussures qui voudraient bien se laisser aller à danser gaiement sur le pavé. Se réaliser ainsi en passant des frontières, avec nos roues occupées à atterrir dans des espaces qu'on aurait jamais pu débusquer ni imaginer fouler sans tout cela.

Vitesse et allure

24 novembre
Sur la route de Gênes
La tangente

L'hiver s'est commodément installé, cap vers l'ouest, à fond toujours.
Pédaler en pensant au bateau, au Maroc. Maroc. MA-ROC ! puis au Portugal, où piano et valises se poseront enfin. Les billets pour l'Europe du Sud-Ouest sont pris, nous irons en ferry. On pédale aigu vers Gênes et son port, reste trois jours avant le lever de l'ancre. Une résidence artistique nous a lancé une invitation à plus de 2 000 kilomètres de là où nous étions (message découvert en Slovénie, alors que la résidence se situe au centre du Portugal, dans la région

de la Beira Baixa). Engloutissement chronique des portions de route pour s'y rendre : nous sommes en train d'honorer l'invitation lentement, mais sûrement. En tout cas, ça colle parfaitement avec nos aspirations d'en terminer avec le froid et de pouvoir relancer les vélos au plus tôt sur les routes au printemps prochain, sous le soleil.

[...] La route, comme un véritable plan d'attaque.
L'hiver rigoureux et les camions nous dominent. À l'arrêt, aux aguets dans nos quartiers, qui ne sont rien d'autre que les salles de café dans les bleds, chaque pause-recharge est pour nous l'occasion de réviser notre progression, compter une énième fois les kilomètres fraîchement grappillés, comme des trésors. Les compter, puis les recompter pour le plaisir. Décompter ceux qui nous restent dans le temps de la courte journée impartie, évaluer nos ressources jusqu'à l'arrivée. On se perd dans les nervures de la carte routière.

[...] Ces camions, autour, ils ne suspectent pas qu'on prévoit de se faire la belle en douce, en cachette, parmi les cordons et les boyaux du relief, l'air de rien. Nos petits stratagèmes sont en éveil, prêts à lancer l'artillerie pour avancer, avancer, tirer vers la mer, sans encombre. Les jours raccourcissent terriblement, irrémédiablement. Rendez-vous à ne pas manquer avec la Méditerranée. Qui dit mer, dit autre continent, résidence pour créer.

25 novembre
Dernier col avant la descente sur Gênes
Glissando

Grand ciel bleu après la brume glacée de la plaine, vision de la mer retrouvée (la dernière qu'on ait vue était la mer Égée). L'hiver est resté bloqué derrière nous. Descente de fous furieux, on récupère des degrés de température au fur et à mesure. Après le paso del Giovo, qui a occupé le mental dès le lever du jour, on file en entonnoir jusqu'à Gênes, quasi sans un coup de pédale à enclencher. La fonçante, on la passe dans un grand *zam* libérateur, des moulinets dans l'air avec les bras jusqu'à Gênes, avec atterrissage au ralenti sans effort, sur le port.
Gigantisme face à nous : le piano-vélo à l'ombre de la coque de bois immense d'une frégate à canons, plantée là comme un bastion ; un quartier de lune joue sur la courbe de ses cordages, comme dans un conte.

Et Barbara... Barbara, femme marin, qui attend pour nous ouvrir sa porte sur les hauteurs de la ville, avec un thé à la camomille et son chat noir qui vient se lover dans mes bras.

Gênes. Genova. Je est ailleurs, à Genova-Maroc.

27 novembre
Au port de Gênes, dans les latences d'embarcation du ferry
Allegretto

On va faire escale à Tanger, puis on reprendra un ferry pour rejoindre la pointe sud-ouest de l'Europe, par la presqu'île de Tarifa. Je veux me retrouver avec mon piano sur un point culminant, cette digue extraordinaire : là où la Grande Bleue rejoint l'Océan !

1er décembre
Liaison Gênes-Maroc, Maroc-Espagne
Escale de quelques heures à Tanger

Interludes passagers

2011, président
de la République : Giorgio
Napolitano, Silvio Berlusconi chef du
gouvernement. 17 mars 2011, l'Italie
fête ses 150 ans. Mai 2011, des
dizaines de milliers de grévistes
défilent dans les rues. Juin 2011,
l'Italie adopte un deuxième
plan d'austérité.
Juillet 2011, Gaetano
Riina, parrain de la
mafia de Corleone,
est arrêté au pays.
Août 2011, l'Italie adopte
une taxe sur les hauts
revenus. Sept. 2011,
Berlusconi qualifie l'Italie de « pays
de merde ». Septembre 2011, la note
à long terme a été ramenée de
« A+ » à « A ».
Novembre 2011, de
violentes pluies
font 7
morts dans le Nord.
8 novembre 2011,
démission de Silvio
Berlusconi.

MAROC
ESPAGNE

Enregistrements sur la terrasse : à l'hôtel Melting Pot

13 décembre
À l'Auberge espagnole, Tarifa

Mash-up & Melting Pot

Escale à Tarifa
Pedro, David
Fiesta, fiesta
On part demain.

Lendemain, petit déjeuner
Dans la journée
Arrive Thibault
Fiesta, fiesta
Vous partez quand ?
Demain.

Petit déjeuner en fin de
journée
Fiesta, fiesta
Pierro, Wifi, David, Thibault,
Paola
Vous partez quand, vous ?
Demain.

Au réveil, c'est déjà la java,
On connaît toute l'auberge
Personne ne veut partir
Les priorités
Attendent gentiment sur le
palier
Acordéon, guitare
Wifi, Pedro, Lola, Brice, Paola,
David, Thibaut
Belle, la troupe
Un groupe d'Américains qui
débarque
Ça fait dix jours maintenant
Au fait, vous partez quand ?
Nous ? Demain.

20 décembre
Liaison Espagne-Portugal
Passage de la frontière à Monfortinho
Avec un booster magique

Interlude

Roi d'Espagne,
Juan Carlos, José Luis Rodríguez Zapatero
président du gouvernement espagnol. Janvier 2010,
un plan d'austérité est adopté, retraite fixée à 67 ans. Février 2010,
l'Espagne s'apprête à accueillir cinq détenus de Guantánamo.
Avril 2010, la note de la dette à long terme est
abaissée de « AA+ » à « AA ». Mai 2010,
20,1 % de chômage. Mai 2010, le FMI
demande des réformes « urgentes ». Juin
2010, 2,5 millions de fonctionnaires sont
appelés à faire grève et à manifester. Juin 2010,
près de Barcelone une collision ferroviaire fait 12
morts. Juillet 2010, l'Espagne remporte
son premier titre de champion du
monde de football. 29 septembre 2010,
grève générale. Octobre 2010,
l'ETA « décrète une
trêve ».

15 janvier 2011
Portugal
Arrivée à Monsanto, de nuit

Point d'orgue

À la descente des vélos, sous le ciel étoilé, paysage lunaire, électrique, tout enrobé de granite et de calme. On tâtonne à pas feutrés, fébriles de notre arrivée dans ce paysage tout droit sorti d'un très ancien conte, avant de s'écrouler, béats de sommeil. « Emménager », demain.

Le lendemain, 16 janvier, à la lumière du jour
Monsanto

Résidence

En lecture sur mon baladeur : « Os Búzios », d'Ana Moura

Un village d'une majestuosité incongrue dont on tombe amoureux, dès les premières lueurs du soleil. Ce village à flanc de montagnette révèle une beauté sans nom. J'ai deux mois pour le découvrir, et reposer ma tête et mon corps à l'intérieur de quatre charmants murs.

La chaumière est toute de pierre
Dehors, à travers la vitre
Il neige sur le granite

Paulo ouvre les portes de la résidence. Une résidence. Je savoure tout l'or que représente ce mot-cocon, qui me préserve de l'hiver et m'offre un espace pour travailler tout mon content au piano, de nuit comme de jour.

Symbolique : le piano passe la porte de la résidence

2 février
Au Centre culturel Raiano,
pour la célébration de son 14e anniversaire,
Discours improvisé adressé en espagnol par Albano,
maire de Medelim

« Je me lève au nom de tous ici, pour te remercier de l'incroyable moment que tu nous as fait vivre. Permets-moi d'abord de te raconter ma soirée : comme tu l'as vu, nous sommes peu nombreux ce soir. Dieu sait que le Portugal cultive un amour inconditionnel pour le foot. Or, il y avait ce soir un match opposant les deux équipes nationales. J'adore le foot. Je m'apprêtais à le regarder confortablement installé sur mon canapé. Paulo et le directeur du Centre Raiano m'ont passé un coup de fil peu de temps avant pour que je me rende ici, fêter l'anniversaire du Centre : il était question d'un petit concert donné par une jeune Française, débarquée avec son piano. Imagine un peu, j'avais ce choix : rester tranquillement au chaud chez moi, sur mon canapé, ou traverser ce froid et cette neige pour venir ici. Je me tiens devant toi, donc tout le monde comprend aisément que j'aie choisi cette deuxième option. Et cela, pour mon plus grand bien ce soir. Parce que tu nous as fait vivre quelque chose qui va rester. Il se trouve en prime (je suis bien informé, tu vois) que mon équipe favorite a gagné le match, ce soir. Alors oui, plutôt deux fois qu'une, il s'agit d'une soirée exceptionnelle. Si je parle beaucoup, c'est parce que nous sommes comme en famille, je ne suis pas aussi bavard d'habitude. Mais il y a des moments où le poids des mots compte, et où il faut dire les choses. Je voudrais saluer ton courage. Ton talent. Tu arrives ici sans connaître personne, avec toute ta fraîcheur, ta jeunesse. Et tu nous racontes cette incroyable traversée… Ici, tu vois, la jeunesse, c'est ce qui manque. Tu nous as transmis ce soir une impulsion, un sursaut. Bravo, et merci. On te souhaite que cet acte soit reconnu. Notre région – je ne sais pas si tu la connais – est belle et sauvage. Peuplée d'énormes blocs de granite millénaire. Notre climat est extrême : de l'hiver à l'été, la roche passe de totalement gelée à brûlante. Eh bien ce soir, on peut dire que c'est comme si tu venais de réchauffer notre granite hivernal, avec le tonus de l'été. »

17 janvier
Monsanto

Berceuse de laine

Ruelles, passages secrets millénaires, effleurer la mousse du granite creusé ou bombé, qui se révèle sous des teintes différentes au fil de la journée. Monter chaque jour tout en haut, rester de longues heures sur un rocher, un rocher qu'on appelle « la maison », le regard plongé jusqu'en Espagne, et ne plus bouger. Boire de longs thés, enroulés dans une couverture. Écouter le chuintement de l'eau qui remplit la baignoire, une fois rentrés. Entendre le vent souffler, le plancher grincer sous les pas, tomber le visage sur un oreiller qui sent le linge frais, sourire.

18 février
Monsanto
Figure

Mon voisin de palier est un poète. Un poète mexicain. Juan Armando Rojas est un poète des frontières. Comme il aime le dire, sa trajectoire de vie est jalonnée de frontières géographiques, et ça ne le surprend plus, il travaille même dessus. L'enfer de Juárez, son lieu de naissance, d'abord. Il habite depuis l'État du Delaware aux États-Unis, non loin du Canada. Il a forgé ses mots, son ressenti du monde en regard de ces territoires. Ça le fait sourire à son arrivée, de savoir l'Espagne à côté. Il trouve un matin le titre du recueil sur lequel il travaille en écoutant le piano par sa fenêtre, et toque avec empressement à la porte pour me le dire.

Juan

27 mars, à 12 h 35
Monsanto, sur la place de l'église
À Juan Armando Rojas Joo

« Festa e Festa[1] »
À la montée
Avant la place de l'église
Debout sur les pédaliers
Et le caisson par quatre hommes poussé
*Retrouve l'*Adufe[2]
Tambour battant
Viva Antonio !
Envolée sonore dans la ruelle

---

1. « La fête, c'est la fête. »
2. Instrument de percussion portugais réservé aux femmes.

Carlos ouvre grandes les portes
De l'office,
La Taverna est fermée
Parce que João
Court le pavé avec sa cornemuse,
Hélène est déjà là.

Mon voisin le poète
Se racle la gorge
Espère un trait de silence
Sur fond de piano
Il a le cœur gros
Une feuille de papier
Des muses de mots à délivrer
Aux habitants
Ça fuse, et c'est brûlant
Des femmes se rapprochent
Puis de l'âme
Répondent a capella
« Festa e Festa ».

28 mars
Village de Relva, jour de départ
Children's Corner

Première étape, 500 mètres plus bas :
Rendez-vous avec l'école primaire de Relva.
Des envies, des petites mains, des grands yeux ronds,
Une transmission de passion.

Premier rendez-vous

28 mars, après-midi
Medelim, à 10 kilomètres de Monsanto

Au quartier de M. le maire

Albano et Rosario, retraités, et la confirmation que triper n'est définitivement pas une histoire d'âge. Suite à son discours le soir de ma performance au Centre culturel Raiano, il m'avait lancé une invitation à la bonne franquette. Au sortir de Monsanto, la parole est tenue.
Une semaine chez eux, avec carte blanche et leur aide pour pianotriper dans les murs du village. Le souvenir de leur cuisine à faïence bleu ciel, où pépiait un couple d'inséparables dans mon dos, où l'on se réunissait et discutait avec passion de l'état des choses, et des rêves inachevés qui portent loin. Plein de phrases magiques, d'attentions subtiles, de gestes généreux, qu'on rêverait de faire transpirer au quotidien. Si on devait écrire sur eux, un seul livre ne suffirait pas. On se recroise par hasard sur la route, ils nous attendent avec un bouquet de fleurs et des « mes chéris » en pagaille au coin des lèvres.
Une leçon de vie.

28 mars
Sur la route de Castelo Branco
Pensée de guidon

Le style, c'est l'empreinte de ce que l'on est dans ce que l'on fait.

Folie des jours heureux

2 avril
Région de la Beira Baixa
Coin calage pour la nuit

Fin de la journée. Avons bifurqué sur un chemin de terre, pas loin de la nationale. Le soleil couchant nous chauffe agréablement de ses rayons tendres. Cadre magique : le sol est plat, sans pierres, sur une surface pas plus grande que 30 mètres carrés. Des herbes hautes jaunes, parsemées de chênes-lièges, des genêts blancs et pourpres d'Espagne. Un jardin bucolique. Quand on est arrivés, tout à l'heure, il n'y avait rien d'autre à faire que poser le vélo et prolonger à pied une petite exploration : qui ne fait que confirmer la douceur du calage trouvé sans peine. Il y a de ces paysages, appartenant à leur propre temporalité, qui semblent t'attendre, préservés dans leur écrin.

5 avril
Sortie de Castelo Branco, sur la route de Lisbonne
Électriques et solaires

Le jour où nous avons circulé entre plaines et plateaux avec de nouvelles batteries, enfin bercés par le soleil et l'électrique... ce jour-là assurément a été grand.
C'était à Castelo Branco, nous filions à nouveau en direction de la mer.

Cogitation – État d'esprit
Mois d'avril, sur la route de Lisbonne, en longeant le Tage

La poétique du moment
(écrit en écoutant « Elf Dance, op. 78, n° 5 », de Moondog)

C'est une ouverture, une attention immédiate à ce qui est, à l'intérieur ou en face de soi. Une personne comme un paysage peuvent enclencher le mécanisme du puzzle musical, et se transformer en clé capable d'ouvrir un autre instant jusque-là invisible. Pour cela, on garde une porte ouverte sur l'extérieur : s'imprégner de vie, d'ambiances, de paysages non captifs du passé ni du futur. L'instant présent : temps épuré et fourmillant de possibles à la fois, où chacun a sa partition pour prendre part ou non, pour le relever, le découvrir, le reconnaître, le mettre à nu, le préserver, ou non. À l'intérieur, il faut apprendre à garder le « cap ! » aux lèvres et à se faufiler dans ses lignes invisibles pour avancer. Car devenues incertaines, les situations se meuvent sans arrêt : chaque pas, chaque tournant, chaque note, chaque mot compte. L'impact ou le non-impact de chaque chose peut transformer la trajectoire et le courant de la journée en un panier percé, ou en un monument. Il faut souvent une pile d'attention et d'imprévus avec les sens en faction, pour arriver jusqu'au tableau vivant. Sur cette infinie plage, certains éléments peuvent entrer en résonance de manière directe ou fortuite. D'autres peuvent se faire écho très longtemps après. De cette façon, il nous arrive de glaner quelque part un air, une image rêvée, une idée, un cadre et le ressortir en musique quatre pays plus loin.

Impro d'Arez

9 avril
Note du jour
Nature – Peinture

Ce matin, me suis douchée en culotte et lavé les cheveux derrière la statue au pied de laquelle on a dormi. J'ai pensé aux *Amants du Pont-Neuf*; quelque part, à certains endroits, on fait bien pire qu'eux dans la performance.

11 avril
À Chamusca, caserne des pompiers
Ciel démonté

Pluies diluviennes, grêle, catastrophe naturelle. Le tapis de la tente est troué depuis belle lurette. Ce soir, on dort chez les *bombeiros* (les pompiers).
[...] Après avoir eu droit à une visite complète des locaux, déposé les sacs dans le gymnase, le chef de service nous laisse son bureau à disposition pour travailler sur l'ordi, avant de boire quelques bières avec nous.
[...] Concert dans la caserne, l'équipe nous connaît par la télé. Repartons le lendemain avec leur écharpe au cou, un insigne de la caserne, et de grandes accolades.

Concert, port d'attache
En compagnie des pompiers

15 avril
Santarém

French touch & football clubs

En lecture sur mon baladeur : « Um Contra o Outro », de Deolinda

Les petits vieux dans les cafés parlent quasi tous francais. La vie des clubs de foot remplit les quotidiens. Le club, ça fait partie de l'identité personnelle : quand on se salue, on décline son nom, son prénom, et son club dans la foulée.

21 avril
Entrée dans Lisbonne

Respiration

Juste avant midi
Invitation à déjeuner
Sur le bas-côté du périph

Adresse pointée
Sur bout de papier
Replié dans la poche,
Rendez-vous à la treizième heure
Environ cinq kilomètres plus loin

Paysage en barres de béton
Cour n° 3
Au pied de la tour B
Les vélos sont cadenassés

L'ascenseur monte
Porte 523 entrouverte :
Deux assiettes blanches
Attendent
À côté du petit,
De la mère
Et du mari

La mère a préparé
Du poisson en papillote
Et une soupe de cresson
Le petit, timidement,
Sort le violon
Dans le salon.

21 avril
Dans Lisbonne, gare Santa Apolónia,
un soir sous l'orage

À Cristiano

Le ciel est violent
Le monde transparent
Mouvement agacé de masse
Qui se disperse autour et s'entasse.

Tu as fait un signe de la main
Ajusté ta veste
Comme on prend le train
T'es parti devant
Sur les pavés glissants

T'as vu que mes yeux,
Le noueux de mes cheveux
La déveine, le boueux.

Le ciel est rage
Les ruelles nagent
Il se retourne souvent
Ami
Tu cours, redescends

À travers les pentes sèches
Comme une flèche

Compagnon
Il faisait un temps de cochon
Et tu t'es moqué des grilles
Tu nous as ouvert la grande ville
Sous une virée détrempée
De Lisboa jusque sous ton toit

De la pluie importune
Nous en avons tiré une fortune
De la pluie importune
Tu nous as décroché la lune

22 avril
Lisbonne, quartier de l'Alfama
À une table de café

Affettuoso

Cristiano, trentenaire. La première personne à nous ouvrir les portes de la ville. Rencontre anonyme sous orage hurlant, devant la gare Santa Apolónia. Cristiano, c'est une des premières personnes à s'être manifestées sur le projet, bien avant notre départ, avec ces mots : « J'espère un jour entendre Liszt résonner dans les rues de la ville avec ce piano. » Se rencontrer aux portes de Lisbonne, finalement, c'est assez incroyable.

On s'engouffre derrière lui dans les rues étroites pour garer l'embarcation en lieu sûr. Les ruelles de l'Alfama n'ont pas vraiment de secrets pour lui, pas plus que les gens qui les animent. On les parcourt de long en large. Il est journaliste, les connaît par cœur. D'idées, il n'en manque pas, Cristiano ; trois endroits sont abordés au pas de course.

Le pavé insoumis, les marches d'escalier et les rayons qui cassent auront raison de nos efforts. Le Janot termine au poste de police, en bas, OK pour la nuit. On se faufile alors dans l'appartement de Cristiano, il sort trois petits verres de porto. Et la discussion arrive, suivie en file indienne d'un tas d'autres, avec des idées, des idées brillantes, ingénieuses, sautillantes, généreuses, qui nous grisent et laissent présager un Lisbonne éclatant.

Le lendemain, il nous fait rencontrer Antonio, on s'installe chez lui à l'autre bout de la ville.

Mirador de la Porte du Soleil

Quartier de Telheiras, à deux pas de chez Antonio

25 avril
Note du jour
Tempo

« **SPONTANÉ, ÉE adj. – 1690** ; *spontanée* XVIe ; *spontainne*, fém. 1284 ; bas lat. *Spontaneus* • **1** Que l'on fait de soi-même, sans être incité ni contraint par autrui. → **Libre**. • **2** (1541) Qui se fait de soi-même, sans avoir été provoqué → **naturel**. • **3** Qui se fait, s'exprime naturellement, sans calcul. → **instinctif**, **sincère**. • (PERSONNES) Qui obéit au premier mouvement, ne calcule pas.

SPONTANÉISME : Doctrine ou attitude qui repose sur la confiance dans la spontanéité révolutionnaire des masses, et la spontanéité créatrice de l'individu. »

Dictionnaire Le Petit Robert, édition 2002

25 avril, à 15 h 30
Devant la gare du Rossio, Lisbonne
Résonances

Jour de la commémoration de la révolution des Œillets. En dépit d'une circulation hurlante, une centaine de passants est venue se comprimer sur le petit terre-plein en face de la gare centrale du Rossio. Une réunion d'inconnus, en meeting spontané sur un petit plot de béton, où on se sent – me dit une femme – « comme émargé du bruit, évadé sur un îlot ».

C'est vrai qu'il a la forme d'un îlot, ce terre-plein. Des révolutions douces en résonances : un vieux monsieur se courbe pour déposer avec infiniment de précautions un œillet rouge sur le clavier. *Um cravo* et un clavier. « La fleur rouge » et le piano noir : un impromptu devant une gare.
Pas cap, t'avais dit ?

28 avril
À l'Oceanarium de Lisbonne
Le poids de l'image et le poids du son

La bobine aux coïncidences se déroule le long des itinéraires naturels, et fait rebondir les impulsions, qui se remplissent de vécu. C'est en plein mouvement que certains lieux et certaines idées se dévoilent le mieux.
Les concerts à bord de Pianotrip arrivent de façon accidentelle, la plupart du temps. De là, une première note va s'enclencher, et une séquence émerger.
Capturer l'instant : réveiller un lieu par un air, une émotion, une esthétique ou un moment, et *vice versa*. La musique et la mise en scène restent étroitement liées aux composantes de l'itinérance. En face, il y a l'image, le cadre : des vides et des pleins, des paradoxes et des contrastes, dont je me

nourris pour influer sur la musique. Un son peut réveiller une image, une image peut réveiller un son. L'un déclenche l'autre, en vases communicants. Travailler ces matériaux complémentaires, en essayant de tirer à l'inconnu et à l'émotion par ce qui arrive. En direct, on peut influer sur les deux. On compose, décompose, on rate et on essaie. Quand un Pianotrip sonne et résonne en profondeur avec un environnement, c'est comme un décollage, c'est phénoménal, ça chauffe le ventre et fait trembler les genoux, des histoires à paliers peuvent s'ouvrir, des ballades sonores se tisser, des souvenirs ou des pensées affluer et on le sait en général tout de suite, au vu des connexions qui ne tardent pas à pleuvoir tout de suite après, tout autour.

Jamais joué au même endroit, jamais de la même manière.
Du côté de l'image, les paysages ont tous leur histoire et leur saison. Niveau musique, à côté du répertoire, je pars souvent d'un motif, et je construis autour. Parfois c'est l'état d'esprit dans lequel je me trouve qui me pousse à faire un son plus frivole, plus triste, ou plus énervé. Mon processus de création est presque différent à chaque fois. Ce qui commence comme un graffiti sonore acquiert un ordre, un agencement, une signification, une émotion.

28 avril
Lisbonne, Praça do Comércio
Pensée

La vitalité du peuple portugais, son accueil sont une bouffée d'oxygène pure. Loin du fracas de l'économie et des bourrasques des remaniements, de la politique (le Premier ministre démissionne, la première tranche d'aide du FMI entre dans le pays avec des mesures d'austérité nationales sans précédent), il y a une douceur dans les rapports, une curiosité, une envie d'investir les possibles qu'on ne trouve nulle part ailleurs.

29 avril
Lisbonne, quartier de Benfica
Intempérie sur fond de blues

Réchauffement climatique. Pluie de grêlons hyper-localisée à Benfica, sur un périmètre restreint. Quarante-cinq minutes de chute de caillots gelés qui perforent toitures, vitrines, voitures comme des poings et des marteaux. Tout à l'heure, on était en short et sandales, en train de se préparer avec Antonio pour participer à la *critical mass*[1]. Il pleut maintenant à l'intérieur de l'atelier Post, l'eau dégouline sur les murs. L'édifice et le parking auto derrière gémissent. L'info cata est relayée sur CNN. Les sirènes des ambulances résonnent en chœur dans le quartier.

---

1. «Masse critique»: sorte de randovélo à l'international, dont l'un des buts est de promouvoir l'utilisation des moyens de transports personnels non polluants (bicyclette, patins à roulettes, planche à roulettes), tout en dénonçant la société de l'automobile.

On ressort deux heures plus tard. Dépaysement : gadoue de neige, des tas de grêlons entassés sur lesquels se reflètent les gyrophares bleutés des camions de pompiers, des fuites d'eau, des passants et des policiers qui continuent de courir, de crier, des façades fendues. Antonio a bricolé une carriole derrière son vélo, où il a installé deux grandes enceintes qui diffusent en alternance de l'électro-swing et du jazz classique. Souvenir figé d'avoir traversé lentement en file indienne cette déglingue, sur les notes sucrées d'Armstrong, « What a Wonderful World », qui flottaient dans l'air, derrière la gomme de nos pneus.

3 mai
Lisbonne

Coïncidences

Avec Cristiano, pas besoin de téléphone portable ou d'Internet : on se croise toujours à point, au beau milieu d'une rue, à n'importe quel moment de la journée. Il suffit de le mentionner pour qu'il apparaisse. Je viens tout juste encore de le croiser sur le passage clouté dans l'avenue de la Liberté ! (Quatre fois, cette semaine.)

Mise en accord : atelier Post

5 mai
À l'entrée des artistes de l'Institut français de Belém
Paolo Conte

Il arrive qu'un air de musique soit chargé de coïncidences et d'histoires assez dingues. La chanson « Via con me » de Paolo Conte vient de placer la barre haut, dans le style.

Cette chanson figurait dans le répertoire depuis notre soirée de départ à Tarifa, en Espagne, où la patronne de l'auberge (Lola) avait invité toute la joyeuse bande que nous formions à boire un verre au Divino, la vinothèque de Robin, son mari italien.
« Il faut que je vous fasse écouter un truc. » C'était « Via con me ». La musique nous a tous enveloppés de ses tonnalités jazzy-cosy. L'instant était rond, sucré, et électrique ; « Bim ! Elle fait partie du voyage à partir de maintenant », lui a-t-on lancé en retour. Et, de fait, celle-ci nous accompagne depuis près de 1 500 kilomètres, sur les chemins.

Ce soir, elle s'est payé le cadre le plus incroyable : celui de se retrouver pile en face de son compositeur. Le monsieur aux cheveux grisonnants sort tout juste de scène, comme un boxeur sorti tout droit du ring, après un concert qu'il vient de donner à Belém. Le piano, la chanson, Chris et moi, on est en place, aux aguets, à côté de la belle voiture lustrée aux vitres fumées où l'attend son chauffeur. Des fans se sont amassés devant le hall d'où il ne peut pas vraiment sortir. *Via, via, vieni via con me*… J'entame la chanson à tue-tête, il traverse et vient s'appuyer sur le coffre laqué noir pour la recevoir, cette chanson, la sienne. Il est au courant de son long périple, et a l'air assez touché. En partant, il me dépose un baiser sur le front, avant de s'engouffrer dans la voiture lustrée venue l'emporter de façon vaporeuse.

Un journaliste spécialisé dans la critique musicale, ardent connaisseur des salles de la ville et de leur fonctionnement, nous avait transmis toutes les indications du lieu où l'on pouvait rencontrer l'équipe, au moment de la balance son. Nous sommes arrivés avec nonchalance, à bord du Janot ; des musiciens fumaient leur cigarette juste devant l'entrée. Cinq minutes avant le début du concert, le chef du staff était venu nous trouver, et nous avait tendu deux places. On avait grimpé les escaliers quatre à quatre et plongé dans un fauteuil rouge, conscients que le trip ne s'arrêterait probablement pas là. Vingt minutes avant la fin, on s'est regardés en pensant à la même chose. On n'a rien dit, on est reparti à tâtons de la salle, redescendus jusqu'à la sortie des artistes, avons sorti le piano du vélo et le tabouret en un temps record. Pendant tout le temps de cette mise en place muette, le chauffeur privé nous a regardés depuis son volant, éberlué…

Heureux hasard de se trouver dans la ville au même moment, et toute-puissance du trip : je me couche ce soir en me disant que, dans toute cette incroyable histoire, je serai au moins la fille qui aura joué du Paolo Conte à Paolo Conte.

Le Piano-Pinceau (installation, place du commerce, Lisbonne).
Je joue, puis tire le piano avec des inconnus, recule de deux pas, puis rejoue. Cela dure une bonne heure. Par cette somme d'instants menus, le message caché se délivre sous le tracé du pinceau : « REPLACE FEAR OF THE UNKNOWN WITH CURIOSITY ». « *Remplace la peur de l'inconnu par la curiosité* ».

NITH

15 mai
Lisbonne, quartier de Benfica
À l'atelier de création Post
Swing Paradise

Le piano se pose, décolle, redécolle en chassé-croisé de places et de miradors. Les idées fusent dans un mouvement de synergie. Aucun jour n'a les mêmes codes que le précédent, on s'organise. Installés à l'atelier Post, une coopérative d'action culturelle, grâce à Antonio, avec une centaine de mètres carrés pour créer. L'atelier est le lieu de travail du peintre Raph et le bureau de l'équipe Bicycle Film Festival. [...] Avoir le luxe d'un atelier sur place, cela nous fait sortir à la volée des paysages et des musiques qu'on gardait jusque-là consignés. On l'utilise sans modération.

La création du Piano-Pinceau

Et si le piano parlait, il dirait quoi ? Cette évocation réagit sur Internet, les moyens suivent. L'idée prend corps avec une installation. 100 mètres carrés d'atelier à dispo, des dessins, croquis, schémas, maquettes. Quatre jours à peindre, peindre, peindre, à en casser les pinceaux. Une installation géante en cours de fabrication, ça donne : 40 mètres carrés de carton, de la colle, des clous, des vis, du bois, de la musique au piano en temps de pause, trente-six heures dans cet univers. Antonio et Raph passent de temps en temps boire un café, voir si on est encore en vie sous nos cartons, 20 mètres de message au sol.
Demain,
Sur la Praça do Comerçio
Un piano-pinceau délivrera son message.

Belém, tournage pour la chaîne de télévision SIC

21 mai
Lisboa
Lisbonne ad libitum

Un mois à Lisbonne, on n'en fera jamais le tour. Un mois que nous sommes dans ses murs à créer, monter, descendre, jouer sans s'arrêter. La presse est déchaînée, les Lisboètes nous identifient à chaque sortie, les magazines s'entassent, on navigue à vélo de surprise en surprise. Ici on a la carte, la pancarte, même : en trois semaines, pas un jour sans qu'un journaliste nous contacte.
Lisboa n'en finit pas de nous ouvrir ses possibilités dont on se sert à pleines brassées pour s'embraser. Il faudrait songer à partir avant qu'on ne s'épuise, tant le terrain est fertile. Hier on a clôturé le JT ; Pianotrip faisait les cinq dernières minutes du journal de 20 heures, un vendredi, sur la SIC[1], et le reportage terminait ce journal, en interrogeant sur la question du bonheur et de la liberté. Au même moment sur la chaîne RTP, il y avait un duel d'austérité entre le Premier ministre sortant, et le nouvel entrant. Il y a de l'émulsion, des impulsions, des ramifications. Bouillonnement incroyable, les jours qui suivent. « Alors le prochain Pianotrip, c'est où ? » nous demandent les conducteurs aux feux rouges.

1. SIC : première chaîne généraliste nationale privée.

HORS-JOURNAL

Cogitation – État des lieux
Mois de mai, dans les rues de Lisbonne
Spectacteurs

« [...] Ce monde n'est qu'un film où figure tout ce qui se passe – tout est filmé sur la même bande, bande qui n'appartient à personne – et tout est fait de cette même pellicule. »

Jack Kerouac, *Les Clochards célestes*

De ceux qui stoppent net, touchés infiniment par le poids de l'acte, ceux qui ressentent les cordes vibrer. Ceux qui passent, d'un haussement d'épaules, vaguement désabusés, voire exaspérés. Ceux qui fusent et n'ont jamais le temps pour rien. Les secoués de rire, souvent en gang. Celui qui pâlit, en frôlant. Celle qui rougit. Certains aussi qui écrasent une discrète larme. Ou de ceux qui s'amarrent directement au coffre, et se mettent à déclamer ce qui sort du leur. Ceux qui se placent derrière celui qui joue, qui posent un demi-million de questions techniques sur le pourquoi du comment, sans se préoccuper des notes qui sonnent. Ceux qui se demandent si tu es une pianiste en vogue ou bien une mendiante. Ceux qui s'isolent, cachés, qui fredonnent les yeux fermés en se balançant. Ceux qui se demandent comment tu fais pour manger. Pour dormir. Ceux qui diminuent leur cadence sur le trottoir, qui marchent de plus en plus lentement, pour s'arrêter puis se calfeutrer en sourdine, et battre la mesure d'une main vagabonde. Ceux qui passent quand même, mais dans un sourire. Celui que tout le monde remarque mais qui, lui, ne remarque absolument personne, mettant les deux pieds dans le plat lorsqu'il passe en plein milieu de l'action. Ceux qui brûlent de jouer et qui trépignent d'une envie mêlée d'appréhension. Ceux qui se préparent méticuleusement à dévier leur trajectoire depuis bien loin, organisant une courbe qui contourne jusqu'au trottoir d'en face. Celui qui va clore l'instant, en te demandant de partir, en disant que le piano « il n'est pas bien rangé ici », que ce n'est pas sa place. Ceux qui s'empêtrent dans leurs sacs afin de dégainer nerveusement caméra et téléphone portable pour stocker l'incongru et les émotions, ceux qui appellent la police parce qu'ils se sentent dérangés, ceux qui te demandent si tu disposes d'une autorisation, ceux qui vont en chercher une, ceux qui appellent la presse, ceux qui appellent la famille. Ceux qui imposent énergiquement à leurs enfants de faire demi-tour. Ceux qui les encouragent à jouer. Ceux qui attendent la fin d'un morceau pour te glisser un clin d'œil complice. Ceux qui attendent la toute fin, qui aident à remonter le piano dans le vélo, qui veulent t'inviter chez

eux, ou savoir comment ils peuvent participer. Ceux qui te proposent un rendez-vous pour faire un bout de route ensemble à vélo. Ceux qui déposent sur le piano une fleur, une pièce, une carte de visite, un croissant. Ceux qui font la connaissance de leur voisin d'écoute. Ceux qui repartent ensemble…
Ceux qui ne savent pas à quoi ça sert, ceux qui se le demandent bien, ceux qui te le demandent. Ceux qui le perçoivent, ceux qui te l'expliquent. Ceux qui ne posent aucune question, ceux qui le vivent, ceux qui le blasent. Ceux pour qui tout est dû, et qui te font passer leur play-list perso, à jouer, dans la minute. Ceux qui attendent la fausse note pour évaluer. Ceux qui s'abandonnent à leurs souvenirs, ceux qui en abondent, ceux qui te les déballent. Ceux qui se mettent à regarder, regarder tout autour d'eux, contemplatifs de leur arrêt, du mouvement de la ville, du moment présent.

23 mai
En direction de l'Alentejo
Saudade

Ça secoue de remballer le piano, remettre les clés à Antonio, fermer le garage, resserrer les sacoches, partir au petit matin. Plier les draps, ranger la serviette, tapisser l'appartement de petites empreintes et de *private jokes*, pour retomber dessus et les déguster à répétition… On traverse Lisbonne pour reprendre la route du Sud, direction l'Alentejo. Mais sur le chemin qui mène au port, le film se rembobine entre arrière et présent des roues qui tournent. Un mois de vie saturé. Passer le panneau de direction Belém, repasser une dernière fois au rond-point, près du siège du *Jornal de Noticias* (quotidien national), à klaxonner et crier comme des dingues pour voir si Cristiano, comme à son habitude, va sortir la tête de son bureau au troisième et nous demander : « Quoi de neuf en musique aujourd'hui, les gars ? » Sur notre passage ce matin, des gens klaxonnent avec un entrain non contenu.
Leaving Lisboa, c'est pas digérable tout ça. Les portes du ferry se referment à l'instant. On a embarqué, suivis en farandole par toute une armada de scooters, aux casques multicolores et aux klaxons guillerets pendant que télé et radio parlent d'Indignés, qui occuperaient la place devant Rossio. *Leaving Lisboa*. Mon cœur fait des gros bouillons, comme ceux des turbines sous le bateau, pour une courte transition avant de fouler le territoire sauvage de l'Alentejo.

24 mai

Pensée de guidon

Sur le vélo, hypnotisée par les lignes blanches discontinues de la route

Ce que je souhaite dans la vie, c'est :
Créer, rire et trébucher, créer, rire et trébucher, créer, rire, trébucher, créer, rire, trébucher, créer, rire, trébucher, créer, rire, trébucher, créer, rire, comme une barrière à la certitude : trébucher, créer, rire, trébucher, créer, rire, trébucher, créer, rire, trébucher, créer, rire, trébucher ; plus loin encore que ce que j'aurais imaginé : vivre, créer, rire et trébucher, vivre, créer…

Trippin' way

24 mai
Côte littorale, Alentejo

Rumba Flagada

En lecture sur mon baladeur : « Um Contra o Outro », de Deolinda

Longer la côte ouest puis passer en Algarve, sur la côte sud du pays, et arriver en Espagne, par la frontière d'Ayamonte. Pour cela, prendre la direction de Setúbal en sortant de Lisbonne. Puis : Comporta. Puis probablement : Sines. Puis : on sait pas. Puis : on s'en fout pas mal en fait.
[...] Paysages de littoral et jardins aux fleurs exotiques. Du sauvage et de l'épuré : des bouquets de fleurs émergent dans le sable. Sur la partition de la route, des petits bleds perdus se brouillonnent au loin, après les étendues des plages et les côtes naturelles. « Here Come the Sun » de Nina Simone qui vient se nicher dans la tête en boucle, et qui fait trembler le regard. Le piano respire en solo, des tonnes et des tonnes d'impros. On roule et on s'arrête, traversés d'influences.

Quand nous partons des villages, on nous quitte, confiants : « Au revoir ? Oui oui, c'est ça... À bientôt plutôt. Le temps de passer l'Algarve, et de revenir en courant ! »

28 mai
À Comporta
Funky

Ce soir, devions dormir en camping sauvage sur la plage, mais un restaurateur nous l'avait fortement déconseillé, niveau sécurité. Avons dormi sur le parking de la police du coup, à Comporta. Réaction du policier à l'arrivée : « … Ben pourquoi tu vas pas dormir sur la plage ? »
Le lendemain, on sort dans le *Jornal de Noticias*. L'info circule pendant qu'on part prendre un café matinal et qu'on prépare gentiment le départ : alors qu'on longe à vélo les grilles du poste pour sortir de la ville, les policiers agitent le journal au-dessus de leurs bras et nous courent après. Session photo, devant le poste, avec leurs téléphones.

30 mai
En direction de l'Algarve
Celebrity

Hier, un homme m'a sollicitée avec empressement entre les étalages d'un supermarché. Je me suis enfuie avec une boîte de tomates séchées dans les mains jusqu'au bout du rayon « surgelés » avant de piger qu'il voulait juste me serrer la main.

[...] Ce matin, un homme émerge du fossé gauche, à notre hauteur, et nous dit en français : « Hé ! Vous savez où vous dormez ce soir ? Je vous ai vus dans le journal »... Comme sorti de nulle part.

La concertation

31 mai
Baie des pêcheurs à Almograve
Sitting on the dock

Avons dormi dans la petite baie cachée des pêcheurs, qui nous prêtent leur baraquement en bois pour la nuit. Des pics de récifs noirs sortent et encerclent la baie, en contrebas. L'océan vient lécher la roche de temps en temps. Un poulpe séché s'agite sur des pinces à linge. Plus bas, les petits bateaux sont alignés, prêts à embarquer, mais les courants sont trop agités ces temps-ci. Un vrai mirador planqué dans un parc naturel encore vierge. La sensation d'être dans un repli du monde, calés dans un observatoire naturel, au bout de la côte de l'Alentejo. Perdus dans l'accordéon du temps, au beau milieu du courant des jours, qui n'en finissent pas de s'allonger. *Boa onda*[1]. On s'endort comme deux gosses, bercés par le ressac de l'Atlantique. Le lendemain, le piano ira se planter au bout de la roche, un peu plus près du village, face aux vagues, en compagnie des pêcheurs d'Almograve. Tiré à flanc de falaise par cinq hommes.

1. « Bonne ambiance ».

4 juin
Algarve

Mondes intérieurs

En lecture sur mon baladeur : « Il était une fois dans l'Ouest »,
d'Ennio Morricone

Algarve, en pleine montée de col sous un soleil tapant : les jambes qui font des allers-retours pénibles, en position de danseuse ; régulation de l'effort… Une camionnette passe, avec un gars qui tend la caméra de son téléphone portable à bout portant, hurlant :

« *Hey ! You know were you are exactly right now ?*
– [*uff-uff*] Portugal, [*uff-uff*] Monte Ruivo…
– No : *right now, you're on my facebook !* »

8 juin
Liaison Portugal-Espagne par ferry
Frontière d'Ayamonte

Interlude

Aníbal Cavaco Silva, président de la République. Janvier 2010, le Portugal autorise le mariage homosexuel. Juillet 2010, la note souveraine est abaissée. Novembre 2010, vote d'un budget de rigueur sans précédent. Novembre 2010, grève générale massive contre l'austérité. Mars 2011, José Socrates, chef du gouvernement, présente un nouveau plan d'austérité, il menace de démissionner en cas de rejet de son plan d'économies et de réformes. 23 mars 2011, José Socrates démissionne. Juin 2011, l'opposition de droite remporte les élections législatives. Novembre 2011, la « Troïka » verse une aide de 78 milliards d'euros.

ESPAGNE

8 juin
À Ayamonte, Andalousie
5 000 kilomètres au compteur

En lecture sur mon baladeur : « Entre dos aguas », de Paco de Lucía

On passe d'une langue douce au choc d'une langue piquante et tranchante (un train d'enfer dans le palais).

Plan du moment : s'enfoncer dans les terres andalouses pour rallier Séville. Ensuite, monter-descendre les plaines à pic pour gagner Tarifa, où Chris a promis de revenir. De là, on verra. Une semaine à tenir sous le soleil exactement. Ensuite, je changerai pour le vent et les cerfs-volants, en arrivant à Tarifa.

8 juin
Listing sur le vif
Bilan des haltes-recharges

Durée moyenne d'une recharge : entre deux et trois heures.
Italie → Grèce : environ tous les 8-12 kilomètres (pas de panneaux solaires + problème d'indicateur).
Grèce → Bulgarie : tous les 12 kilomètres (nouveaux panneaux solaires).
Bulgarie → Portugal : tous les 15-30 kilomètres (problème de contrôleur de batteries solutionné).
Portugal → France : tous les 30-50 kilomètres (nouvelles batteries).

Pays aux prises les plus accueillantes : la Slovénie et le Portugal.

9 juin
Andalousie, sur la route du soleil noir
Black Tango

La route s'est transformée en four géant. Elle grille chaînes et sandales. Sous le soleil évidemment, l'organisation bascule. L'information locale et internationale tourne autour de concombres tueurs qui proviendraient de la région (problème déclaré en Allemagne), des révolutions arabes, et de groupes sans chef appelés *Indignés* qui occupent de plus en plus massivement les places publiques dans un contexte tendu d'élections. À l'arrêt on passe des serviettes humides sur la table d'harmonie du piano. Dilaté par la chaleur, le corps dicte plus que jamais l'avancée. Passé 11 heures du matin, le soleil tue. Dans l'après-midi, les ruelles blanches des villages sont désertes. Les nuits par contre sont animées de vie locale et étirables jusqu'au petit matin, à la ville comme à la campagne. La boîte à rythmes des journées est tout autre ici.

9 juin
Pensée de guidon

Ça ressemble à quoi, un Indigné ?

9 juin
À Niebla, province de Huelva
Derrière la plupart des tableaux se cache une histoire

Venons de rouler devant un paysage incroyable. Au passage de Niebla – petit village sur la route de Séville qui longe le Río Tinto –, la désolation d'un rail de chemin de fer, dont la ligne inachevée se perd dans l'horizon, interpelle. Jouer sur un terrain ferroviaire avec la symbolique d'un piano posé sur les rails, je cultive cette idée depuis l'Italie. L'univers du film *Jeux d'enfants* est dans l'air : jouer dans un monde de fer, jouer sur des lieux de passage continu, en porte ouverte sur l'imaginaire, est une belle exploration à tenter. Ici, s'ajoutent la prégnance du Far West, les grands espaces, un voyage dans le temps.
Face aux rails, il y a de grands rochers, posés comme des stèles tombées du ciel. Des chromatiques de couleurs improbables s'étirent. Des tons variant de l'or au brun dansent en dégradé sur le sol et sur la roche des alentours. Paysage rude, ocre, à la Sergio Leone ; ça sent la rouille et le soufre, le métal chauffé sous le soleil blanc. Alors que d'incroyables couleurs le submergent, ce paysage, je me mets à le voir en noir et blanc pour en savourer les contrastes, et les saturations. J'entre dans un décor de film, imprégné et chargé

de références de l'Ouest. Quelques lignes musicales du « Pájaro » de Lhasa de Sela s'entrechoquent dans l'esprit avec les développements de guitare du morceau « Entre dos aguas » de Paco de Lucía.
Il se trouve qu'on traverse justement le Grand Ouest de l'Europe avec un convoi, une sorte de caravane des temps modernes. Impressionnant de ressentir cet élan, en pleine Andalousie, dans un paysage qui dépasse ce que l'imagination la plus folle aurait pu concevoir. En bordure du chemin de fer, j'imagine une femme vêtue d'une robe à volants, fleur accrochée aux cheveux, tenant à la main une valise et une cage de fer-blanc à l'intérieur de laquelle est enfermé le mot « Peur ». Sur une musique lente d'un piano qui sonne la ferraille et le cristallin, elle traverse les rails en solo, et ses sandales laissent apparaître des volutes de poussière sur la terre craquelée.

On ne dit pas un mot, mais on se montre le paysage chacun en silence en l'indiquant à bout de bras, à plusieurs reprises. Ce tableau, là, maintenant, tout de suite, il reste gravé dans mon esprit sans la possibilité d'y avoir accédé, car trop chaud, trop pédalé, trop faim. Je me suis dépassée pour arriver jusqu'à ce village qui est déjà dans mon dos, hors de portée. Ma volonté est immense, le trip piétine, mais la logique de mouvement est plus forte que moi, le contexte joue contre cela, je n'irai pas. Trop dommage, il fait partie des immanquables manqués, à bout portant.

L'impasse, cadre surréel de bord de route, des racines jusqu'au ciel

10 juin
Pensée de guidon
Simplicité

La simplicité est devenue un luxe ou un fléau social. Le spontané abrite un écho surréaliste en Occident. Un paradoxe. Une radicalité, que tu le veuilles ou non.

10 juin
Sur la route de Séville

Les cigognes

Leurs nids géants qui s'érigent en défi aux constructions humaines et naturelles, un hommage à l'improbable. Comme des symboles de liberté. C'est devenu un repère temporel, un métronome saisonnier.

10 juin
À 30 kilomètres de Séville

Vision de bar andalou, au matin

La patronne, qui essuie les verres au torchon, et des hommes. Que des hommes. Les cous dévissés en terrasse sur le triporteur, avant que l'un d'entre eux se décide à grandes enjambées à venir l'inspecter, planté magistralement devant. Suivi bientôt par beaucoup d'autres. Grand conciliabule. Le volume sonore monte d'un ton entre eux. L'un d'eux passe derrière ma chaise, la chemise ouverte aux trois quarts, avec un ventre honorable. Décontracte, l'Andalousie profonde.

Une mésange fait des allers-retours constants entre les tables, les grilles. Vols frénétiques entre les fenêtres et le congélateur. Près de l'entrée, à gauche, deux machines à sous, qui n'arrêtent pas de tourner et de lancer des *bip! bip!* festifs à tout bout d'champ. Les joueurs, d'infatigables habitués, ne regardent même plus l'écran. Ils réactivent machinalement l'engin par une piécette dans la fente, et continuent leur conversation passionnée avec la patronne, qui a la voix forte. Au plafond, un appareil à néon grésille de temps à autre d'un claquement sec. « Ça tue les insectes », dit Chris sans lever les yeux de son carnet de dessin, sur lequel il crayonne. Des chapelures de bois débordent de sa trousse, à côté du café et de son taille-crayon.

C'est dimanche, je pars acheter des *churros* sur le trottoir d'en face. La femme me dit : « Au fait, je n'ai pas oublié que tu as joué du piano hier. Et ça, *niña*, je ne l'oublierai pas. Ni demain. Ni après-demain. J'aurais tellement voulu jouer du piano, moi dans la vie… T'as bien raison de continuer à en faire. Un bout de ta musique va rester ici, avec moi. Je crois que je vais m'en souvenir toujours en fait. Quand la nuit est tombée, si vous aviez besoin de quelque chose, de l'eau, n'importe quoi, j'étais là, hein ?… On n'a pas la langue et la curiosité dans notre poche, mais avec les étrangers on est timides, ici. Et pis on n'a pas l'habitude. Sauf quand c'est des gitans, mais ça… Alors Ruben ! Ça avance, oui ?! C'est pas quand il sera brûlant, le soleil, qu'ils mangeront ! »

Son mari fabrique des *churros* à l'ancienne, derrière. Il remue savamment les filaments de pâte avec deux bâtonnets qu'il tourbillonne dans une grande bassine où l'huile grésille. Un grand huit doré en ressort au bout de deux trois minutes. Sa femme prend le relais, elle coupe la pièce en petits tronçons, à la paire de ciseaux. Je repars avec un gros paquet tout chaud en pensant à la journée qui s'annonce pentue, ardue, et têtue une fois que le soleil pointera… En attendant, j'ai entre les mains de quoi satisfaire un troupeau d'éléphants.

11 juin
Entrée dans Séville
Bagatelle

Info flash à 18 heures. Un panneau affiche 46 °C. J'ai mis du temps à analyser l'info.

11 juin
Séville
Passeurs de ville

Fin de journée, sur le point d'entrer dans le cœur de la ville. On ne sait toujours pas où dormir. Dans une brasserie, demandons notre direction et une connexion Wi-Fi. Entouré de larges jambons serrano, le patron nous répond : « Deuxième à gauche et gauche encore. Tu verras, c'est un bar qui fait l'angle. Demande Viki de ma part, eux ils ont ça. Calle Betis. »
Calle Betis, le bar est plutôt branché. Effectivement, il y a une connexion Wi-Fi, et effectivement il y a Viki.
« Vous prenez quoi ? C'est Emilio qui offre.
– Emilio ?
– Oui, il vient d'appeler, il sait que vous êtes là… »

Emilio, c'est le patron aux jambons serrano de la première brasserie.

On ouvre le PC, trinque, s'installe. Les jambes et les cerveaux sont des chamallows qui ont grillé dans l'après-midi. Viki s'intéresse au projet, les questions pleuvent, accompagnées de verres nouveaux. On déplie un portrait qui vient de sortir dans un magazine culturel espagnol et qui résume bien Pianotrip. Les têtes tournent, l'heure aussi.

« Dis, Viki, tu sais pas où on peut trouver un endroit pour dormir ?

– Attendez. »

Elle va derrière son bar, et revient avec un jeu de clés dans les mains.

« Je devrais même pas vous en parler, mais vous voyez le camping-car, là, devant ? C'est celui de mon patron. Il est parti pour trois jours au festival de Rocío. C'est assez confort. Hey, Raúl, tu fais passer leurs valises dedans ? »

Moment volé au festival de Rocío, quelques jours plus tôt

12 juin
Séville
Contact

Après un premier Pianotrip au-dessus du Guadalquivir, on s'adonne aux premiers repérages de la ville avec José, ex-étudiant Erasmus à Marseille.

À l'Université internationale d'Andalousie, le Janot et Zorba se garent à l'ombre de la conférence « Arts et Nouvelles Technologies ». Dans l'amphithéâtre, la femme assise devant nous se retourne soudain et me glisse un papier sur lequel est écrit : « *Soy Pilar. ¿Donde duermes esta noche? Vente por mi casa*[1]. » Deux heures avant, l'Institut français nous avait parlé de Pilar comme d'une artiste locale et internationale à rencontrer.

1. « Je suis Pilar. Où dors-tu cette nuit ? Viens chez moi. »

Guadalquivir

14 juin
Séville
En mode shuffle

Le projet est relayé comme un coup de cœur par l'Institut français.
Une dizaine de Pianotrips sont installés dans la ville. On joue dans le centre historique, dans ses ruelles qui s'étirent en impasses. Le sablier du temps se brise sous le clavier : en coups de théâtre, à des arrêts de tram, en coups de soleil, à même le béton du centre commercial Nervion. Les acteurs se succèdent : un accordéoniste se greffe à point pour une impro-duo, une petite fille improvise dans une impasse, une femme joue avec un groove parfait avant de s'enfuir en courant.

Fou : à force d'être ficelé sur Zorba, le tabouret a un pied cassé, et quand il penche au risque de tomber, il n'est pas rare que des inconnus se relaient pour le tenir d'une main en s'asseyant par terre, afin de prolonger l'instant.

Harmonie, enfance et confidence

14 juin, complément

Silenzio

[…] L'immensité du réel est trop brûlante, la densité du présent bien trop vivace pour transparaître pleinement dans un carnet, d'autant plus quand ce présent s'accompagne d'un acte ayant trait au sonore et au visuel. Quand j'essaie de contenir la tranche de vie dans mes mots, les termes sont d'autant plus sourds, faibles, grandiloquents ou maladroits. Sans doute parce qu'ils tentent de passer la folie de l'existence dans le tamis de la raison, de la cerner alors que le plus beau reste peut-être dans les pointillés, les silences, les suspensions ou dans ce qui s'est simplement envolé à l'air libre, sans concession.[…]

15 juin
Séville, Plaza de España
Manifestation

Les Indignés
Plaza de España
Artère centrale de la ville
À Séville

Des individus, des groupes, des familles
Indignados, Anonymous
Qui marchent sur des kilomètres
Plusieurs dizaines de milliers
Indignés ou pas
Dehors

Pendant la minute de silence
Avenida de la Constitución
On entend les oiseaux
Calme plat,
Pas un cri,
Pas un bruit
Pas un seul n'envahit

Qu'on cautionne ou pas,
Il se passe en Europe
Dans le monde
Quelque chose de fort
Il s'agit plus d'interagir
Que de réagir ou rugir.

Ça ressemble à quoi, un Indigné ?

25 juin
Séville
Dix jours chez Pilar Albarracín

« Votre Pianotrip, c'est un tout. Chaque détail fait partie de l'œuvre, en avez-vous conscience ? Jusqu'à la sueur qui tombe par terre, les éclats de rire, la sonnette, jusqu'au vélo qui se lève quand vous déchargez le piano ; la musique qui en jaillit et les images finales sortantes, qui ne sont que le dessus de l'iceberg de ce que vous traversez. La charge de l'invisible se devine, c'est très dense, très poétique. »

Pilar, c'est une artiste reconnue à l'international, une femme andalouse qui explore l'Andalousie dans sa représentation (son folklore, son identité socio-culturelle) et qui ne manque pas de piquant. Brune engagée, elle questionne le statut de la condition féminine, l'identité fantasmée, touristique et réelle de l'Espagne en se jouant des codes. Ses travaux sont exposés un peu partout dans le monde.

Pilar Albarracín, Sin título (*Torera*), 2009.
Le matin, on déjeune en face de ce tableau monumental qui s'étire du sol au plafond.

Le contact passe tout de suite, nous sommes proches, humainement et artistiquement. Elle nous dit se reconnaître dans notre démarche quand elle avait notre âge, et nous on se projette facilement dans la sienne, par ses choix et ses convictions. On dort dans son atelier, entourés de photos au format immense, de débuts et bribes d'installations, et de ses publications. Un temps qui fait du bien, nos nuits sont imprégnées de création brute.

Autour d'une discussion, on lui parle de la femme de Niebla, de cette Andalouse imaginée en train de marcher et jouer sa vie sur un concert donné sur les rails d'un chemin de fer, de la puissance du paysage que nous avons traversé sans nous arrêter (qui continue de nous travailler l'esprit de temps à autre). « J'ai monté dernièrement une expo avec des centaines de robes andalouses que j'ai cousues à la main avec ma mère et mes proches, répond-elle. Il en reste trois, sers-toi si tu veux. »
La première que je passe, elle me colle parfaitement aux hanches. « Ce serait dommage de laisser ce Pianotrip sommeiller là-bas à Niebla, si tu veux mon avis. Prenez tout ce que vous voulez dans mon atelier, et allez-y. » L'appel du paysage, sa coïncidence folle nous rattrapent.

Nous sommes repartis droit sur Niebla : 70 kilomètres de retour en arrière, et nous découvrons un cadre qui abrite plusieurs mondes en lui, dont un intersidéral, avec une rivière d'eau rougie qui coule en contrebas, sur une terre mordorée. *Bienvenido* sur la planète Mars.

Niebla a la hora de Pilar

A EUROPEAN TOUR ON A PIANO-BIKE
"How to play piano exactly
where it is not expected to be"
www.pianotrip.com
ON AIR

On Air

30 juin
Banlieue de Séville
Aberrations

Au retour, passage obligé dans la zone industrielle de Séville pour l'achat de rustines (avons crevé cinq fois à cause d'un clou invisible caché dans le pneu). À l'entrée du magasin, l'agent de sécurité demande systématiquement aux clients de mettre leur sac dans une poche en plastique qu'il chauffe à blanc pour la fermer, en précisant que c'est obligatoire et gratuit. Sécheresse moderne : ce phrasé morne et automatisé nous fait l'effet d'un sacré contraste avec ce qu'on vient tout juste de traverser. Ça donne en tout cas la tonalité de ce qui suivra, dans notre retour à la modernitude urbaine, mais on ne le sait pas encore. Retour donc dans la ville, et autre ambiance. Pilar est partie exposer ses créations quelque part dans le monde. On se heurte à des murs, lutte et patine de plus en plus en faisant du surplace, pour pas grand-chose. Sécheresse moderne et fatigue.

On trouve une piste cyclable pour s'échapper : on décide de rouler cette nuit. Sauf qu'en bout de banlieue, plusieurs rayons cassent au passage d'un nid-de-poule. Impossible d'aller plus loin. Tout menace de tomber au sol et si cela arrive, là, vraiment, on sera cloués sur place. Il est tard et tout est fermé, mis à part une station-service, pas loin. Impossible de laisser le vélo ici, tout seul. Une fois de plus Damoclès et son épée se pointent. Les deux policiers refusent de nous aider. Impensable pour eux par exemple de garder l'embarcation défectueuse cette nuit, sur leur parking.

Puissance de l'impuissance, quand elle gagne du terrain. Goût amer des galères, violence de la faille des rapports quand ça ne marche pas. De l'échec qui te mord le mollet, comme le Grand Méchant Loup. L'élan qui se glace de plein fouet, à genoux devant la solitude, au milieu de tous.
Dans la station-service en périphérie, à 23 heures, l'horizon reste bouché, les solutions inexistantes et les fesses sur le trottoir. Slam existentiel. Le cœur, comme dans un champ de bosses. Une voiture de patrouille passe à la pompe, je me déverse tel du kérosène. J'ai ce soir une figure de précarité incrustée dans les cernes, une de celles qui se collent sans que j'aie rien demandé, et qui dérèglent tout : je suis misère, je suis galère, je suis colère, je vocifère. Les lignes bougent, enfin, imprévisibles : un des policiers nous autorise à dormir sur le parking de son logement privé, à deux rues de là. Il le fait à titre personnel, parce que son uniforme lui imposerait le contraire, apparemment. Il est de garde avec son collègue dans le quartier, on voit parfois la voiture de patrouille tourner autour, pendant toute la nuit.

Au matin, l'agent hésite. Quelque chose le remue, sa curiosité le pique. « Vous voulez pas un café, monter chez moi ? » À deux doigts de nous voir repartir, il se cramponne derrière un petit déjeuner, une douche, n'importe quoi. Mais il se rend peut-être compte que la précarité n'est pas celle que l'on croit, qu'on aurait peut-être pas mal de choses à se raconter, en fait, dans sa cuisine, que l'aberration des grandes villes pousse à des paradoxes extrêmes. Il y a de ça dans l'air, et on prend le temps de se regarder, assez longuement. Il a tout simplement envie qu'on monte, envie de dépasser les statuts, les apparences. La journée s'annonce explosive : il faut rapidement trouver une solution aux rayons cassés pour pouvoir partir en contrant la chaleur. On décline l'offre, doucement. Croisement, donc, à 7 heures, quand il monte se coucher et qu'on repart les traits moins tirés.

2 juillet
Restaurant El Manu, à Jerez
Chemin-faisant

Manu, le patron, coupe court à notre trajectoire quand on passe devant son restaurant, qui est sur notre route : « Vous mangez ? Je vous invite… De toute façon, vous ne serez pas plus pauvres à la fin de l'année, et moi je ne serai pas plus riche. »

5 juillet
Liaison Espagne-Maroc
Départ du port de Tarifa

Interlude

Janvier 2011,
présidence espagnole de l'Europe. Mai
2011, un séisme dans le Sud-Est de magnitude 5,1
fait plusieurs morts. Mai 2011, l'Espagne publie une carte des
fosses communes de la guerre civile. Mai 2011, les
mouvements de protestation ont pris une nouvelle
ampleur à trois jours des élections municipales
et régionales. Mai 2011, Bruxelles alerte
sur des concombres contaminés venant
d'Espagne. Juin 2011, des milliers
d'Indignés manifestent. Septembre 2011,
l'Espagne rétablit provisoirement
l'impôt sur la fortune. Octobre 2011,
la note souveraine abaissée de deux
crans, de « Aa2 » à « A1 ». Décembre
2011, Mariano Rajoy élu à la
tête du gouvernement.

MAROC

La poétique de l'instant

En musique

Dans la musique, rien n'est acquis, tout est toujours à refaire : après une noire pointée, une ronde. Des silences après l'hystérie des trilles. À la cohue des partitions en pagaille succède une impro naturelle ; à la série des répétitions répond la plénitude d'un concert. Tout y est relativement connu, avec une grande part d'inconnu, sur le vif de l'instant.

Sur la route

Dans le déplacement, rien n'est acquis, tout est toujours à refaire : après une descente, une pente sèche. La montagne, après le sable. À la cohue d'un centre-ville succède une crique naturelle ; à la sortie d'une nationale répond la platitude d'une plaine esseulée. Tout y est relativement connu, avec une grande part d'inconnu, sur le continent.

5 juillet
Entrée de Tanger
Imprévu et bémol

« Tanger veut le vélo. Tanger veut le piano. C'est la ville qui t'appelle, c'est comme ça, mektoub. »
Abdoullah, en djellaba blanche et casquette Benetton, dans le port de la vieille ville de Tanger. En face, le Janot a la roue droite minablement pliée (passage dans un trou) qui nous empêche de sortir de la ville. On la contemplait, du haut de nos mines creusées, au milieu du bourdonnement occupé des dockers.

5 juillet
À Tanger

Note de passage
En lecture sur mon baladeur : « Sangre gitana y mora », de Lole y Manuel

Les vélos atterrissent dans la cour d'un vieux bâtiment des années 1960, dont le sol en terre battue a été réaménagé en garage surveillé. J'y joue de longues heures, entre deux repérages, au milieu du ballet régulier des voitures et des carrioles. Pour y accéder, il faut longer le cimetière juif et l'interminable file de taxis beiges Mercedes. Les gars qui gardent le parking ont l'air d'apprécier le piano. Ils se mettent à fredonner « c'est la vie, c'est la vie, c'est la vie mon chériiiii » de temps à autre, un leitmotiv devenu pour moi une boucle quotidienne.

Plus qu'une ville, Tanger, c'est un point intercontinental, qui a le goût du monde. Cette ville est cosmopolite, elle regorge de mouvements. Elle combine dans son giron la magie des villes portuaires à flanc de mer alliées à tous les trafics et arrangements possibles. On grimpe souvent sur les toits, pour boire un thé à la menthe brûlant et regarder en face, avec beaucoup de sucre et peu de mots. Les portes de la vieille ville en haut ont la forme de grandes clés, avec la gamme de couleurs du ciel qui passe à travers. On est pétris d'images et de sons. Rester dans une ville vouée au passage permanent et au temporaire, c'est pas déplaisant. « Tanger/Danger », nous dit-on souvent. C'est un lieu de croisements, de connexions, forcément ; un port nomade dans lequel les gens ne restent jamais amarrés bien longtemps. Une ville qui n'a pas l'habitude de se laisser regarder, où les natifs sont rares. Mais ça, justement, c'est captivant : il y a plein de terrains nouveaux, parce que c'est une capitale de l'éphémère.

Le ramadan vient de commencer. Il est question qu'on joue à l'Institut français et dans la Médina, prochainement.

11 juillet
Au café de la Cinémathèque de Tanger
Déchiffrage

On a embarqué un beau matin avec l'idée de ne s'attarder au Maroc que le temps d'un après-midi, on est partis pour y rester un mois. Derrière la vitrine transparente, les djellabas passent dans la rue. Pendant quatre jours, on s'est calfeutrés dans le café de la Cinémathèque sur des banquettes sans bouger, à ne grignoter que des cornes de gazelle et à gober du jus d'orange à grandes rasades. Sas de décompression, et QG jusqu'à la soupe du soir et la fermeture, quand le gamin saute pour rabattre la grille, étirant tout son corps dessus, comme un clap de fin. Demain, comme on dit, « on part au Maroc », c'est-à-dire qu'on franchit enfin le pas, et qu'on repart dans les murs de la ville.

30 juillet
À Tanger
Place du Méchouar, quartier de la Kasbah

Dernière séance

Le piano-vélo grimpe, grimpe, grimpe jusqu'à la place du Méchouar, escorté par un nuage de gamins des rues qui s'accroche à l'arrière, à la porte du caisson. On envoie la dernière séance. À Tanger. Au Maroc. À l'Afrique. À Tarifa. À l'Espagne, pile en face. À l'Europe, qui est à quelques brassées de kilomètres de là. Pas loin de l'endroit où la Grande Bleue rencontre l'Océan. Le rire et la rage au bord des lèvres, là où ça sent le jasmin et la braise chaude ; là où les rêves et l'espoir ne tarissent pas.

ÉPILOGUE

4 août
Liaison Maroc-France par ferry
Débarquement à Sète

Interlude et Finale

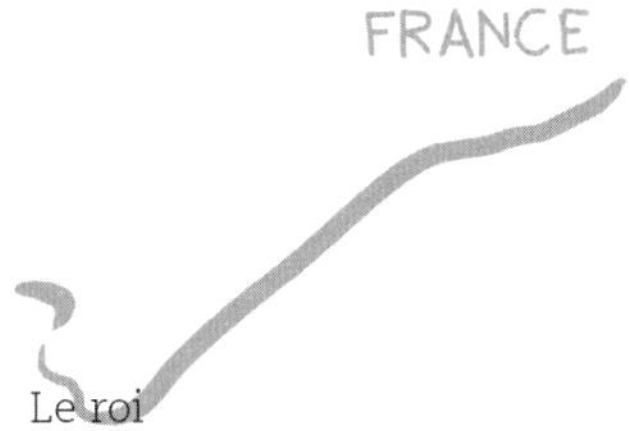

Le roi
Mohammed VI,
souverain de la monarchie
constitutionnelle. Février 2010,
fermeture du *Journal Hebdo*.
Août 2010, tensions entre l'Espagne
et le Maroc à propos de l'enclave de Melilla.
Décembre 2010, le Maroc achète 14 rames de
TGV à la France. Décembre 2010,
WikiLeaks divulgue « des journaux
étrangers interdits d'entrée » au Maroc.
Février 2011, des milliers de
manifestants dans les rues
de Rabat. Mars 2011,
des centaines de
journalistes manifestent
à Rabat et à Casablanca.
Mars 2011, le roi annonce
« une réforme constitutionnelle ».

5 août
Sur le ferry le *Biladi*
À l'arrière du bateau

Oublier

Oublier. Oublier qu'il est 7 h 39, que le moteur de la voiture est long à chauffer et qu'à la sortie du garage il faudra mettre son clignotant à gauche. Oublier qu'il fait froid, qu'on a la même chemise qu'hier, et que ça présente mal, d'avoir la même chemise qu'hier. Agripper son téléphone et constater nerveusement : 7 h 42. Oublier que vivre c'est dangereux, parce que c'est fait par principe de risques, à prendre ou à laisser. 7 h 43 : éteindre son téléphone. Le ranger dans la boîte à gants. S'oublier. Panne du sablier.
Rappeler. Se rappeler qu'on marche dans nos choix, qu'on le fait chaque jour en équilibriste débutant, à chaque instant de l'existence, que sinon quelque part on est foutu ou déjà trop con. Que tout le reste est à inventer, à imaginer… à faire. Rendre caduc « le bon sens », se rappeler ce qui nous faisait vibrer gamin, et débroussailler son chemin de faire. Dehors, la trajectoire d'un passant nous rappelle au maintenant. Revenir au temps zéro du « pourquoi pas ». Du « quand même », et du « trip ». L'envie et la peur d'exulter déboulent au galop. Des crampes à l'estomac. Ne pas oublier que passé les cinq cents premiers mètres du pâté de maisons personnel, on

est certes anonyme, friable, entre inconnus… Mais que des inconnus réunis le temps d'un moment autour d'une idée, c'est puissant. Uniques et imparfaits, ils nous appartiennent, à nous tous. Inaliénables, ils n'ont pas de prix. Du coup, bénis soyez-vous, les « pourquoi pas », et les « quand même », parce que c'est vital aujourd'hui, les « quand même »…

Même jour, à 10 heures
Sur la passerelle du *Biladi*

Manifesto

Le Jeu

Je joue pour exulter
Je joue pour le décor
Je joue de tout mon corps
Je joue pour rêver concret
Je joue pour crier
Je joue pour traverser
Je joue pour transpirer
Je joue pour incarner
Je joue pour ricaner
Je joue pour me rassurer
Je joue pour m'assurer

Je déjoue l'ennui
Je déjoue l'oubli
Je déjoue le gris
Je déjoue les mous
Les radicaux, les fous et les ripoux
Je mets en joue le désert
Je mets en joue la misère

Je mets en joue les fausses autorités
Les préjugés et la précarité
Je tends la joue à l'idéal

Je joue pour convoquer
Je joue pour convoler
Je joue pour m'adapter
Je joue pour témoigner
Je joue pour enjamber
Je joue pour te joindre
Je joue pour te rejoindre

Pour joindre les deux bouts
Pour vivre debout
Je joue, je joue, c'est fou ce que je joue.

5 août, à 21 heures
À la capitainerie

Invitation au ftour[1]

Le capitaine du *Biladi* nous invite ce soir à célébrer le *ftour* au carré des commandants, en compagnie de tout l'équipage. C'est un homme grandi de plusieurs vies dans lesquelles chaque fois il s'est construit tout seul, le capitaine. Taillé dans le charisme et la générosité. Il parle de rivages et de canots, d'îles méditerranéennes aux havres cachés, des nouveaux quartiers de Marseille, et de jazz bebop avec la même passion ; sur le pont il distribue à tour de bras le livre *Indignez-vous* de Stéphane Hessel à ses passagers, qu'il connaît presque tous, qu'il tutoie. Cette phrase m'a marquée, je la garde consignée : « À bord, c'est comme si un bout du monde venait s'embarquer avec moi, le temps d'une traversée. Alors faut être à la hauteur. »

1. *Ftour* : en période de ramadan, rupture de jeûne au coucher du soleil.

6 août, au matin
Face au port de Sète, France

Finale

Depuis la salle des commandes, voir la France par-dessus bord. Des larmes qui tambourinent sur les joues. J'avais oublié que c'était si fort de revenir.

POSTFACE

De retour de projet

De la jeunesse et de la création artistique

Extrait de la lettre rédigée par Lou et remise en mains propres par Christopher Chriv (journaliste au *Monde Académie*) à François Hollande, lors des vœux du président de la République à la jeunesse, à Grenoble, le 23 janvier 2013.

« [...] *La culture, c'est un mot qui revient trop peu souvent dans les constructions du présent: affiliée à l'utopie ou assujettie aux lois de l'économie. Pourtant la création artistique, c'est à la fois un acteur et un secteur sensible des plus puissants à refléter l'humanité et l'inhumanité de chaque époque. Un indispensable, qu'on met paradoxalement en avant par la suite, et qui change la donne socialement comme économiquement. "Vivre de l'art, c'est dangereux", nous dit-on.*
Cela n'est pas nouveau. Pourtant, de nos aînés ou à l'étranger, on nous parle encore de "l'exception culturelle française". [...]

À notre génération, on répète que vivre de la création artistique, c'est dangereux, inconscient, ou bien qu'il faut être malin. Sauf que le danger a changé, pour pas mal de jeunes comme moi. Aujourd'hui, ce n'est pas parce qu'il faut prendre des risques que c'est périlleux, mais parce que le risque – maillon clé de la production d'œuvres – est étouffé à la racine, avec des notions de retours sur investissement, de têtes d'affiches, avec la séparation hermétique entre œuvre d'auteur et divertissement grand public. Le danger, c'est que l'art est passé de mutualisation à capitalisation dans son système. Muselant l'inventivité et la circulation des idées, ces faire-valoir ont pris l'oriflamme des droits, des marchés, des ambitions nouvelles. Au niveau de la création jeune, ils pulvérisent l'idée avant même qu'elle soit arrivée à terme de l'acte. La fraîcheur de la curiosité et l'imagination restent au fond du placard, avant tout parce que le monde du spectacle et les bureaux semblent ou clos sur eux-mêmes, ou dénués de passerelles pour coordonner les efforts. Et ni l'amour de l'art ni les idéaux, aussi forts soient-ils, n'arriveront à compenser ces chocs de réalités. Je refuse d'user du trop contemporain larmoiement résigné. Il y aura toujours les plus forts qui s'en sortiront, sûr. Deux questions néanmoins tambourinent : la qualité de la création ne tient-elle plus qu'à cela maintenant ? Comment faire pour en vivre à plein temps, sans être ou trop riche, ou à courir pour le statut d'intermittence (sans donc plus disposer du temps à créer), ou en dessous du seuil de pauvreté ?

Aspirants aux portes du monde, nous n'avons jamais eu autant de possibilités qu'à ce jour : [...] évoluer, créer et regarder le monde tel qu'on le conçoit, c'est justement cela qui nous talonne l'estomac. »

Chanson sans date et sans titre écrite
pendant le voyage, perdue puis retrouvée
sur une feuille volante en milieu de carnet
Everything

Everythink is gonna be OK
I'm praying
Everything is gonna be OK
I'm trying
Everything is gonna be OK
I'm losing
But I gotta a life to be.

Everything is gonna stay like this, OK
Everything is gonna change some day, Oh yeah!
All I feel does not link-up with that F… Money
And I gotta check my way.

All I can say is that:
Everythink is gonna be OK
I'm laughing
Everything is gonna be OK
I'm trying
Everything is gonna be OK
I'm losing
But I gotta a life to be.

That's all I can say
That's all I can sing
That's all I can think… anyway.

«Je m'approche de deux pas, elle s'éloigne de deux pas. J'avance de dix pas et l'horizon s'enfuit dix pas plus loin. J'aurai beau avancer, jamais je ne l'atteindrai. À quoi sert l'utopie? Elle sert à ça: à avancer.»

Eduardo Galeano, *Paroles vagabondes*

Crédits

Page 9
Paroles : Alain Bashung/Jean Fauque
Musique : Alain Bashung

Page 207
Paroles & Musique : Alain Souchon

Page 234
Léo Ferré, « La violence et l'ennui »

Page 292
Jack Kerouac, *Les Clochards célestes*, traduit de l'anglais (États-Unis) par Marc Saporta

Page 359
Eduardo Galeano, *Paroles vagabondes*, traduit de l'espagnol (Uruguay) par Lolita Chaput

Crédits photos

Page 325
Sin título (Torera), 2009
© Pilar Albarracín

Page 338
Pianotrip à Tanger
© Camille Lafrance

Réalisation : IGS-CP à L'Isle-d'Espagnac
Impression : Gibert Clarey Imprimeurs à Chambray-lès-Tours (37)
Dépôt légal : avril 2015. N° 118348 (15020345)
Imprimé en France